犬に話しかけてはいけない

内陸アラスカのマルチスピーシーズ民族誌

Do not talk to the dog

近藤祉秋

Shiaki Kondo

慶應義塾大学出版会

はじめに――ある日の野帳から

二〇一五年夏のある日、内陸アラスカ先住民ディチナニクのダニエル・イーサイと私はボートに乗り、蛇行するクスコクィム川を上ってニコライ村まで向かおうとしていた。ボートは、風を切って進む。氷河から流れるシルト（沈泥）で、川の水は黄土色をしている。頬に当たる風が冷たく心地よい。ボートに乗る際にはあたりをうかがい、ヘラジカやクマといった野生動物にばったり遭遇しないか、流木などの危険物や良い薪となる枯れた立木がないかと目を凝らすのが日課となっていた。その日、私はふと後ろを振り返ったとき、遠くの空に灰色の雲がかかり、雨が降っているようなかすんだ空模様となっていたのが見えた。風向きから考えてそろそろ私がいるあたりでも雨が降るかもしれない。使い込まれた金属製のボートは川での移動に適した平たい形状をしており、屋根もない。雨が降れば村までずっと雨に打たれたまま過ごすしかない。前を向いてボートの運転に集中しているダニエルに「雨が降るかもしれない」と告げた。彼は一瞬顔をしかめてうなずいたあと、何も返事をしなかった。案の定、雨雲は私たちに追いつき、小一時間ほど冷たい雨に打たれながら私たちは家にたどり着いた。

家に着くとダニエルから「君が雨を呼び寄せた」と小言を言われた。私はダニエルに雨雲が近づいていることを知らせたつもりでいたのだが、彼からすれば私が雨雲を呼んだのだという。ダニエルによれば、雲は人間の言葉を理解することができる。雨雲は、私の言葉を聞いて、こちらに向かってきた、というのが彼の見立てであった。ダニエルの言葉は、突然雨が降ってずぶ濡れになったことを私に責任転嫁するもののようにも思えたが、この言葉を聞いて、いくつかこれまでの調査で耳にしたことが頭に浮かんだ。

まずはダニエルの父である故フィリップ・イーサイが語っていた注意喚起の言葉である。フィリップは、現在の世界がいつか大きな洪水という災厄に見舞われることになると考えていた。というのも、人類はアポロ計画で月面に降り立つことによって、月を怒らせてしまったからだ。フィリップが先祖から聞いた神話によれば、あらゆる存在が人間の姿をしていたはるか昔、月は自分が殺した兄弟の死体を抱えながら天上に上がり、現在の月となった。月は自分のおこないを恥じており、人々から度を超えて注視されると恥辱に耐えられず洪水を引き起こす。ただでさえ、情緒不安定で扱いに困る月に対して、「白人」たちは土足で踏み込んでしまったのだ。いつ洪水に襲われるかもしれない世界で生きのびるためにフィリップの家族は村の中でも少し高いところにある坂の上に家を建てており、彼らが所有する野営地の土地も周囲よりも高いところを選んでいる。

もう一つは、クマ狩猟をめぐるものだ。二〇一四年一〇月に、私はダニエルの甥たちとともにクマ狩猟に出かけていた。その場所はギンザケの遡上地であり、産卵して力尽きたギンザケを狙うハイイログマが現れるのを待ち伏せして撃つという狩猟方法がおこなわれていた。ダニエルの甥たちはこの時期、川の氷が張ってボートが出せなくなるまでの間、数回にわたって出猟することになっていた。しかし、ボートの故障などさまざまな事情があり、初回と二回目の狩猟行の間に一〇日間ほど日が空いてしまっていた。狩猟行に出かけるのが延期になるたび、私は村の男たち数人が共同で使っているサウナ（現地語では「ニンリー」と呼ばれる）で、「今日もボートが出なかった」と友人たちに報告していた。二回目の狩猟行では獲物の新しい足跡がまったく見つからず、クマはすでに他の場所に移動したのではないかという結論に達した。その後、ある友人は酒の席で「君がクマについて話すことで狩猟パーティの運をまるつぶしにしてしまった」と忠告した。クマは人々が自分について話していることを聞いて、逃げてしまうのだという。村の猟師たちはクマ狩猟について女性の前で話すことを縁起が良くないこととし、「ボートに乗ってくる」というぼかした表現を使っていた。私はそのことを踏まえて、「クマ」や「狩猟」という言葉を使わずに話していたのだが、そもそもできるかぎり関連するようなことを気軽に口にしない方が賢明だと考えられているようだ。

これらの事例を総合すると、彼らは人間の言葉や視線が野生生物のみならず、気象現象や天体にまで影響を与えると考えていることがわかる。人々の周囲には数多《あまた》の生ある存在が取り巻いていて、彼らの一挙手一投足はそれらが知るところとなる。ダニエルの甥であるアンドリューは以前こんなことを話してくれた。森の中を歩いていると突然誰かに見られているような気がすることがある。そのようなときは、「山の人々」と呼ばれる小人が人間を監視しているのだとされる。「山の人々」は、タバコや干し魚などの供物と引き換えに狩猟者に獲物を授けてくれる精霊であるが、同時にキャンプ地から物を盗んだり、子どもを誘拐したりすることさえある危険な存在でもある。

このような生ある存在がひしめきあっている世界では、どのようにふるまうのが正しい生存戦略であろうか。フィリップやダニエルといった年長者たちの言葉に照らして考えれば、それは不用心に異なる存在の世界に首を突っ込むのではなく、自重することである。人類学者マテイ・カンデアの言葉を借りれば、互いに「無為《インアクション》を積極的に生みだすこと」としての「相互―忍耐《インターペーシェンス》」の態度が求められていると言えるかもしれない。[1]しかし、カンデアは科学者が「客観」的なデータを得るために観察対象であるミーアキャットを馴致《じゅんち》しすぎないように考慮する点に着目していたのに対し、先ほど挙げたいくつかの事例では、人間の声や視線に敏感に反応する雨雲や月、小人といった存在に対して適切な距離を保つようなハビトゥスが念頭に置かれていた。内陸アラスカの事例を通して、「相互―忍耐」の思想をより精緻化していく必要がある。

哲学者のエマヌエーレ・コッチャは、呼吸を通じた世界との関わりについて以下のように論じている。「息を吸い込むとは、わたしたちの中に世界を到来させること、つまり世界が私たちの内にあるようにすること、息を吐くとは、わたしたち自身にほかならない世界に、自分自身を投げ出すことである」[2]。世界は常に呼吸を通じて「混合」しつつあり、「相互の内在、あるいは相互に入り組むこと」を意味する「浸り」が生命の原初的条件である。[3]呼吸をやめることはできない以上、私たちは世界への「浸り」を回避することはできないが、目を伏せ、声を抑え、息をひそめることはできる。

このような「浸り」の中で「息をひそめる」あり方は、環境倫理を考える上で示唆的である。一部の環境思想では、現代文明に生きる私たちが人間と自然の「つながり」を忘れてしまっているため、環境破壊が進んでいると論じられる。この理路から導き出されるのは、人間と自然の「つながり」を取り戻すことが何よりも重要という考え方だ。しかし、それは私にとっては見当違いの努力のように思われる。コッチャが指摘するように、わざわざ環境との「つながり」を求めなくとも私たちはすでに世界と「混合」している。ハイイログマが吸った空気をアンドリューも私も吸い、ヘラジカが飲んだ水が蒸発して、雨となり、ダニエルと私に降り注ぐ。

本書は、マルチスピーシーズ民族誌と環境人文学の視点から、アラスカ先住民の人々といわゆる「自然環境」との関わりについて考察することを目的としている。この作業を通じて、アラスカ先住民の知恵とは何かという問いに取りくみたい。

犬に話しかけてはいけない——内陸アラスカのマルチスピーシーズ民族誌　目次

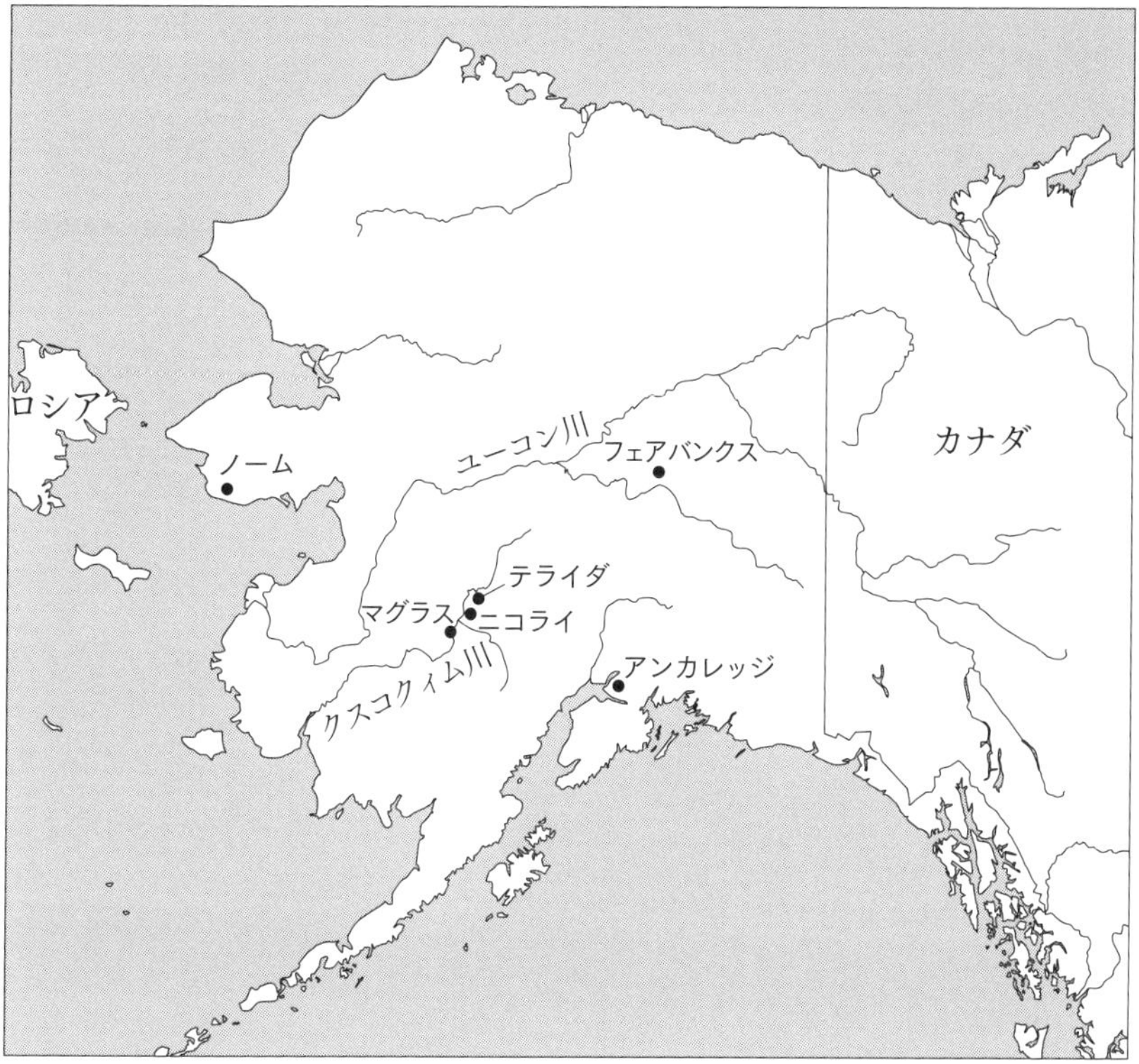

アラスカの地図

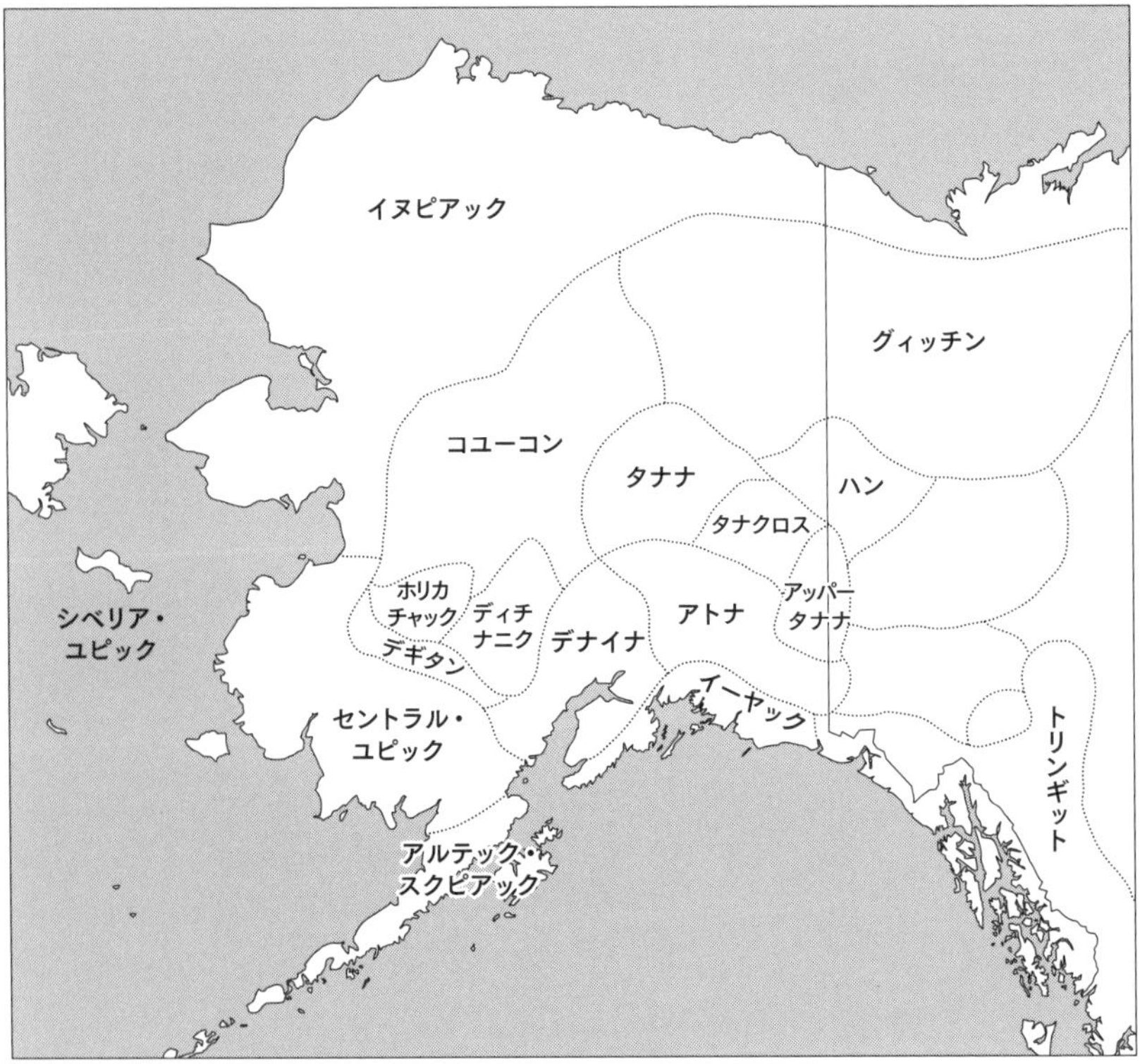

アラスカ先住民の言語地図（北海道立北方民族博物館2018: 10, 原図はM・クラウスによる）

犬に話しかけてはいけない——内陸アラスカのマルチスピーシーズ民族誌

第1章　マルチスピーシーズ民族誌へようこそ

本論に入る前の準備として、ここではマルチスピーシーズ（多種）民族誌と環境人文学について簡単に説明したい。文化人類学の流れの中でどのようにしてマルチスピーシーズ民族誌が生まれたのか。マルチスピーシーズ民族誌の理論的な視座とは何なのか。環境人文学は、マルチスピーシーズ研究とも関連が深い学際的なプラットフォームであるが、それは現在どのような議論を生んでいるのか。これらの問いを本書全体の議論と結びつけながら見ていこう。

現代人類学への道

マルチスピーシーズ民族誌は、二〇一〇年頃に誕生した人類学の新しい研究アプローチであり、科学技術の人類学、フェミニスト科学技術社会論、政治生態学、民族生物学、先住民研究、アニミズム論といったさまざまな研究関心を持った研究者を巻きこみながら成長を続けている[1]。マルチスピーシーズ民族誌の最小公約数的な特徴は、人間以外の存在を、記号や象徴、景観の一部のような周辺的な存在として扱うのではなく、「人間と肩を並べて、明白に伝記《バイオグラフィカル》的および政治的な生をもつビオスの領域」[2]にあるものとして扱うことである。つまり、これまでの人類学はヒトを記述の中心に据え、民族誌を執筆してきたが、マルチスピーシーズ民族誌では人間以外の存在にもスポットライトを当て、人間と並んで記述の主役とすることが目指される。「人類学」の中から生まれつつも、その人間中心主義を批判対象として、「人間以上《モアザンヒューマン》」の世界から考察を進めていくのである。

マルチスピーシーズ民族誌が誕生する背景には現代人類学の動向がある。まずは人類学の歴史を少し振り返っておこう。一九二二年、ブロニスワフ・マリノフスキーが『西太平洋の遠洋航海者』を出版し、長期間の参与観察に基づく本格的な異文化研究をおこなう現在の人類学の調査スタイルが確立される。これによって人類学は、啓蒙主義の時代以降、西洋諸国で急速に知識が増えつつあった非西洋社会の生活に関する報告をもとに「人間」について考えてきた、それ以前の思弁的な人類学から大きく乖離していった。社会進化や伝播のように人類社会全体を大きな枠で捉える思考様式から、文化相対主義に基づき、個々の社会・文化に深く分け入り、人々の生活を内側から理解しようとする方向性への変化である。このようなマリノフスキー以降の人類学の流れの中では、民族生物学や象徴人類学といった分野が人間と動植物の関わりについて民俗分類や象徴体系との関連に着目して研究を進めるようになった。

しかし、一九八〇年代後半、人類学は「表象の危機」に直面する。一九八六年に出版された『文化を書く』の序論で、ジェームズ・クリフォードは異文化の暮らしを調査する人類学者が客観的な事実の記録として民族誌を書いていることを批判した。民族誌的な知識はあくまでも「部分的な真実」であり、全体的な理解に到達することは不可能であるとされた。[3] クリフォードが論じたポストモダン的な人類学批判は、西洋によるまなざしが非西洋を客体化してきた歴史を糾弾したオリエンタリズム批判やポストコロニアル論とも結びついて、人類学と植民地主義の歴史の関わりや民族誌を通じた他者表象の政治性が盛んに論じられた。

現代人類学は、この「表象の危機」がもたらした遺産を批判的に継承し乗り越えるなかで生まれた。「表象の危機」は「ホーム」と「フィールド」の距離について再考することを促したが、ここで注目を浴びたのが「ホームでの人類学」であった。従来の人類学では、「ホーム」と「フィールド」の距離が離れており、「ホーム」の人々とは異質な民族集団であればあるほど、調査結果の価値が高いとされた。しかし、ポストコロニアル人類学やポストモダン人類学がこのような「ホーム」と「フィールド」の距離に依拠した研究の前提を批判的に捉えた結果、「ホーム」で研究することが見直されるようになった。その一例として、実験室の民族誌研究をおこなったブルーノ・ラトゥールとスティーヴ・ウールガーが挙げられる。[4]

科学技術の人類学を専門とするラトゥールは後の著作で、人類学が依拠してきた「自然」や「文化」といった概念自体に疑問を投げかけた。[5] 人類学は西洋人が持つ非西洋の他者に関するステレオタイプ的な理解を数多く打ち壊してきたが、今度はそれがみずからの社会にも向けられるようになると、「自然」や「文化」という近代世界を成立させる基礎的概念自体を相対化する立場が生まれてきた。これはポストモダン人類学が前提としてきた「一つの自然と複数の文化（表象）」を相対化しようとするものであると言える。

さらには、非西洋社会の「フィールド」で研究を続けてきた人類学者からもポストモダン人類学の前提自体を相対化する視点が提出された。南米先住民研究者のエドゥアルド・ヴィヴェイロス・デ・カストロは、アメリンディアンのパースペクティヴィズムを論じた。パースペクティヴィズムとは、「遠近法主義」とも訳され、絵画の風景が画家の観点にもとづいて構成されることからもわかるように、あらゆる認識は何らかの観点によって限定されていることを指す。つまり、絶対的な世界認識を想定することはできないということだ。それでは、アメリンディアンのパースペクティヴィズムとはどういうことだろうか。

アメリンディアンの人々が生きる世界では、動物も精霊も自身のことを「人間」だと理解している。他方で、これらのさまざまな「人間」の間にある違いは身体性の差異である。ジャガーは自身のことを「人間」だと考えており、インディオのように「マニオクのビール」を飲むことがある。しかし、ジャガーにとっての「マニオクのビール」は、ヒトのパースペクティヴから見ればヒトの血液である。このようなアメリンディアンの考え方からは、ポストモダン人類学が依拠する「多文化主義」とは真逆の概念である「多自然主義」を読み取ることができるとヴィヴェイロス・デ・カストロは主張する。「多文化主義」において、諸存在が結びつく基底にあるのは「自然」であった。かわりに「文化」が人間と自然の間、そして異なる人間の集団間に差異を導入する。逆に、アメリンディアンの「多自然主義」では、「文化」が各存在に共通するものとなるが、「自然」すなわち身体に宿るパースペクティヴがそれぞれの存在を独自のものとさせる。[6]

『文化を書く』は人類学者の間に大きなショックをもたらしたが、ポストモダン人類学がなした問題提起はヴィヴェイロス・デ・カストロ、ラトゥール、『贈与のジェンダー』を著したマリリン・ストラザーンらの「存在論的転回」を牽引する論者によって受け止められ、新しい潮流を生んだ。[7]現代人類学は、「もはや対象を「文化」や「社会」と呼ばれる領域に限定しない。そこではむしろ、「自然／文化」や「自然／社会」といった境界線それ自体がいかに形成され、また書き換えられるか」を民族誌的な事例とともに検討することが大きな課題となっている。[8]マルチスピーシーズ民族誌は、これまでの「文化」や「社会」という枠を超えた民族誌記述のあり方を探る点において現代人類学の最前線の課題に取り組んでいる。その意味でマルチスピーシーズ民族誌の試みを「二〇一〇年代以降の実験的民族誌」と考えることもできるだろう。

マルチスピーシーズ民族誌の誕生

マルチスピーシーズ民族誌は、S・エベン・カークセイとステファン・ヘルムライクによる『カルチュラルアンソロポロジー』誌の特集（二〇一〇年）を嚆矢《こうし》とする。この特集序文では、カークセイらによるバイオアート展「マルチスピーシーズサロン」の紹介とともに、人類学の種的転回に向けた枠組みの整理がおこなわれている。[9]その中でもダナ・ハラウェイの思想が重要なものとして位置づけられていることに注目したい。

ダナ・ハラウェイは、サイボーグ論で知られた科学史家・思想家であるが、近年では飼い犬のカイエンヌとともにアジリティ競技[10]に取り組んだ経験も織り交ぜながら、「伴侶種」論を展開している。「伴侶種」はいわゆる「伴侶動物」のような固定化されたカテゴリーとは大きく異なる。この概念は「カテゴリーというよりも、進行中の「ともになる」ことへの指針」であり、「パートナーは関わりあうのに先んじて存在しているわけではない」[11]。

ハラウェイは、伴侶種を論じるときに「世界に誰が存在するかという結果が賭けられているコンタクトゾーンでは、何かになることは、つねに何かとともになること」だと述べる[12]。ここで彼女が念頭に置いているのが、発生生物学の「シンビオジェネシス」である。シンビオジェネシスとは、ダンゴイカが幼い頃に発光細菌ビブリオ・フィシェリに感染することによってその細菌を宿す嚢《のう》を形成するように、細胞内で共生する生物が宿主の器官となる現象を指す[13]。ハラウェイは、このシンビオジェネシスの関係性を想定しながら、カイエンヌとともにおこなうアジリティ競技の訓練を「ともになる」過程として考えている。彼女によれば、アジリティ競技は両者を「一つでもなければ二つでもない何かにするもの」であるが[14]、このような分析が出てくるのも「シンビオジェネシス」をモデルにしているためと言える。このシンビオジェネシスに関する考え方を踏まえて、ハラウェイの近年の著作では、「オートポイエーシス」（みずから自己を創ること）に対する言葉として、「シンポイエーシス」（ともに互いを創ること）が提案され、「共─生成」論として位置づけようとしている[15]。

冒頭で述べたように、マルチスピーシーズ民族誌はさまざまな分野の研究を取り込んで発展している。たとえば、科学技術の人類学からは、ノルウェー・ハダンゲル地方のサケ養殖における多種の絡まりあいを論じたマリアン・リーン、海洋微生物学者の民族誌を著したステファン・ヘルムライク、鳥インフルエンザをめぐるインドネシアの防疫措置を分析したセリア・ラウ、北海道のサケと人間の関わりを研究するヘザー・スワンソンが活躍している[16]。政治生態学のバックグラウンドを持つ者としては、アナ・

チンによるマツタケの商品流通をめぐる民族誌が有名である。[17] 霊長類学者のアグスティン・フエンテスは、バリの観光資源となっているカニクイザルについて自然科学と社会科学の方法論を組みあわせた民族霊長類学の立場からマルチスピーシーズ民族誌の論文を発表している。[18] エスノロジー（民族学）的な関心に近い領域でなされたマルチスピーシーズ民族誌の研究としては、ディンゴなど絶滅が危惧されるオーストラリアの動物と人間の関わりを論じたデボラ・バード・ローズ、モンゴルの家畜飼育について考察したナターシャ・ファイン、ヒマラヤの野生動物と人間の関わりをヒンドゥーナショナリズムなどの現代的事象に結びつけて考究したラディカ・ゴヴィンドラジャンがよく知られている。[19]

また、著者自身が「マルチスピーシーズ民族誌」を名乗っていない場合でも、マルチスピーシーズ民族誌の研究でよく参照される文献に関しては広義のマルチスピーシーズ民族誌に含めることもできるだろう。そのような例として、アメリカのチーズ作り職人を調査し、「微生物―政治《マイクロバイオポリティクス》」を提起したヘザー・パクソン、パースの記号論を援用してエクアドルのルナの人々と森の思考を論じたエドゥアルド・コーン、そして、ヴィヴェイロス・デ・カストロのパースペクティヴズムを現象学的に読みかえながらシベリアの狩猟民ユカギールのアニミズムを論じたレーン・ウィラースレフが挙げられる。[20] とくにコーンとウィラースレフは先住民社会の長期的なフィールドワークに基づき、人々と動物の関わりについて描写している。本書とも関わりの深い論者であり、第8章で彼らの議論に立ち入ることとなる。

マルチスピーシーズ民族誌では、ハラウェイの議論に大きく影響を受け、人間を含む多種が「ともに生きること」が強調されてきた。[21] これは、象徴人類学に特徴的であった「動物は考えるのに適している」というアプローチとも、動物をまずもって食料として栄養やカロリーをもたらすものとして捉える

「動物は食べるのに適している」というアプローチとも一線を画している。[22] ハラウェイの「伴侶種」や「一緒になる」は、人類学者のアナ・チンによる「人間の自然／本性は種間の関係性である」という有名な一節とともにマルチスピーシーズ民族誌の基本的な考え方を示すものとなっている。[23]

だが、マルチスピーシーズ民族誌がさまざまな分野の関心を集めるにつれ、「その包括的な理論的枠組みを特定のアプローチや学派に絞るのが難しいところまで来ている」という指摘がすでにあるように、この分析枠組みが登場してから一〇年が過ぎ、さまざまな方向性の模索が続いている。[24] 本書では、エスノロジー（民族学）で議論されてきた内陸アラスカ先住民の世界を研究対象として、マルチスピーシーズ民族誌の知見に基づきながら論じたいと思う。

人新世と環境人文学――マルチスピーシーズ民族誌との関連から

マルチスピーシーズ民族誌を論じる上で欠かすことのできない動向として、「人新世」をめぐる議論がある。人新世を考える学際的なプラットフォームとして位置づけられるのが環境人文学である。環境人文学は、人間と自然の関係を軸として人文学を再編成しようとする動きであり、エコクリティシズム（環境文学）、環境哲学、環境史、科学史、マルチスピーシーズ民族誌などの分野が関連している。ここでは、環境人文学のアプローチとして、惑星規模《プラネタリー》の視点とローカルの視点の二種類に大別しながら整理したい。

まずは、惑星規模の視点であるが、これは「人新世」をめぐる議論として展開されている。「人新世」はパウル・クルッツェンとユージーン・ストーマーが二〇〇〇年に提起した地質時代であり、人類が地球全体に影響を与えるようになった時代を指す。[25] この言葉は、一万一七〇〇年前に始まった完新世が終わりを告げ、現在は新しい時代を迎えているという認識に基づいている。さまざまな説が提唱されているが、一八世紀半ばにイギリスで始まった産業革命が人新世の開始時期とされており、もうひとつの転換期として、著しい経済成長が生じた一九四五年以降が「大加速」の時期と呼ばれている。人新世は人間が地質学的なアクターとなった時代であるとされ、人間の活動が自然環境に大きな影響を与え、不確実性が増大していく。たとえば、二酸化炭素の排出が大幅に増えたことによって進行している地球温暖化（気候変動）や、それと連動して現実化しつつある地球史上で六度目となる生物の大量絶滅がこの時代の特徴とされる。[26]

このような時代を生きのびるためにクルッツェンが提唱するのが全地球規模の気候工学である。[27] 気候工学とは、気候変動を緩和するためにおこなわれる意図的で大規模な気候改変のことを指す。たとえば、硫酸エアロゾルを上空二〇キロメートルにある成層圏に散布して、太陽光の反射率を高め、地球を冷却する「成層圏エアロゾル注入」などの方法が議論されている。[28] 気候工学は、人間が地質学的なアクターとして気候変動を招いたのであれば、それを元に戻すのも人間（とくに科学者と工学者）の力であるという考え方の産物である。一部の論者は、現代文明がもたらした地球の危機がいずれ科学技術の力によって解決されるという立場を取り、「良い人新世」さえ主張している。[29]

人文学諸分野から、人新世という言葉に対して、多くの批判が寄せられている。よく言われているのは、現代の環境破壊を招いたアクターとして「人類」という非常に大きなカテゴリーを引きあいに出すことによって、階級や人種、ジェンダーといった人類の内部にある差異が捨象されてしまっていることだ。[30]「人新世」の代わりに「資本世」という言葉を使うべきだという主張がなされることがあるが、これは現在の状況を招いた責任が「人間」全体ではなく、「資本」主義的な生産体制によって大量生産・大量消費の生活様式を生み出してきた先進国の経済活動にあるとする考え方に基づいている。[31]

また、科学史家のクリストフ・ボヌイユとジャン＝バティスト・フレソズが論じたように、人新世は近年ようやく科学者が地球の惨状に気づき、人類を救うために動き始めたという「覚醒」のイメージとともに語られているが、このような語りは自然環境の破壊を食い止めるためにこれまで組織されてきた数多の抵抗運動を無視してしまっている。[32]ボヌイユとフレソズの指摘を踏まえると、そもそもクルッツェンが言及した気候工学による「問題解決」は、現代文明の行きすぎを抑えようとする抵抗運動を黙殺し続け、科学技術の発展と経済の成長を無限に求めることで人新世を生み出してきた潮流と同一の地平にあるものだと言える。[33]

ハラウェイも、同様に人新世が「人間＝男性中心主義」であると批判している。それに対して、ハラウェイが提示するのは、多種の絡まりあいからなる「クトゥルー新世」である。それは人新世に代わる語りとして、動植物の遺伝子を身体に組み込んで共生することが可能になった世界で、オオカバマダラ（蝶の一種）を共生者としたカミーユの五代にわたる物語を描いたサイエンスフィクションである。[34]人新世は、人間の行為主体性を賛美しながら同時に黙示録を予言する語りであるが、カミーユの物語は人新世に対する別のあり方を模索するものである。

環境人文学は環境問題に対する人文学的アプローチを求めて他分野との対話を続けており、人新世をめぐる議論が盛んになってきている。ここまで紹介してきたように、人文学諸分野では人新世（およびクルッツェンが論じた気候工学的な解決案）を批判的に捉える立場が多い。環境人文学は、人新世によって想定される「人類」という大きなカテゴリーを超えて、「人間」を「もっと濃い概念」として捉える試みである。[35] 近年出版された環境人文学の論集でも、人新世論が四部構成のうち一つの部を構成していることからもわかるように、環境人文学は人新世の批判的研究を学際的におこなう場としての側面も強くもっている。[36]

　このように、人新世は地球史と人類史の交差領域であることから環境史や科学史からの貢献は大きいし、「人類」と「地球」の関係性にまつわるナラティヴとしてみれば文学研究の対象でもある。それでは、マルチスピーシーズ民族誌からの貢献にはどのようなものが考えられるだろうか。チンらによって提案された一つの答えは、フィールドワークを通じて「傷ついた惑星に生きるわざ」を見つけることである。[37] 人新世の黙示録的な語りを前にして、絶望してしまうのではなく、それぞれの人々が「傷ついた惑星」となった地球の現状（気候変動、環境汚染、生物の生息地の破壊、人類の活動に起因する大きな災害など）を引き受けて、その中でも生を全うするための方法を見出すことは人新世を生きのびるために重要な取り組みとなりうる。人新世の黙示録に代えて、「控えめな生物文化的《バイオカルチュラル》希望の事例[38]」を語ることがマルチスピーシーズ民族誌のねらいであると考えられてきた。しかし、第5章で論じるように、このような安直な「希望」語りには批判もあり、生態学や生物学の議論との対話をより重視する方向性もある。

　環境人文学のもう一つのアプローチは、ローカルな視点に基づくものである。その地域特有の問題や関心を軸に人文学諸分野の連携を考える立場を指す。たとえば、日本では、当時金沢大学で教鞭をとっていた結城正美と黒田智が石川県で盛んに喧伝される「里山」言説を環境文学と環境史の連携のもとに批判的に捉える論集を発表している。[39] オーストラリアでは、文化人類学（マルチスピーシーズ民族誌）と環境哲学の連携がなされ、早くから「生態人文学」の名前で環境問題を軸とした人文学諸分野間の協働が試みられていた。オーストラリアでの問題意識は、植民地化により先住民文化の同化と生態系の破壊が同時に進んだことであり、「絶滅」研究が盛んである。[40]

それでは、本書の舞台であるアラスカでは環境人文学をどのように想像することができるだろうか。アラスカでもヨーロッパ系アメリカ人による植民地化があり、その影響も看過できない（第4章を参照）が、ここではアラスカ研究の先達であるリチャード・ネルソンに注目したい。ネルソンは、文化人類学者としてアラスカ先住民の暮らしを学び、コユーコンの人々とさまざまな生き物の関わりについて論じた有名な民族誌『ワタリガラスに祈りを』[41]を著したが、後年、作家に転身し、ネイチャーライティングの作品を発表している。本書終盤の第8章では、ネルソンによる文化人類学と文学の架橋という系譜を生かして、マルチスピーシーズ民族誌とエコクリティシズム（環境文学）を結びつけてみたい。

本書の理論的な背景が明らかになったところで、続く第2章ではニコライ村とそこで生きる人々について紹介していこう。

第2章　ニコライ村への道のり

いつかアメリカ先住民の村に行ってみたいと漠然と考えるようになったのは、じつは私が小学生の頃からである。読書感想文の推薦図書の中にあったアパッチの少年の人生を描いた物語を読んで、アメリカ先住民の世界にはまってしまったのだ。[1] 読書感想文を三回ほど同じ本を題材にして書いた記憶があるくらいだから、よっぽど親も驚いたようだ。高校生になる春のある日、母が祖父江孝雄著『文化人類学入門』を買ってくれた。この本を読んで、「文化人類学を研究すれば、自分の行ってみたかった場所を旅することを仕事にできるのか」と衝撃を受けたのを覚えている。

高校生になった私が次にはまったのが星野道夫の作品であった。『旅をする木』や『森と氷河と鯨』、その他の作品を読んで、アラスカの動物たちの息遣いを感じ、顔に深い皺が刻まれた古老たちが語る言葉に触発された。アラスカ先住民の村に行って、彼らの生活に迫りたいという将来の夢ができた。それからさまざまな紆余曲折を経たが、博士課程進学と同時に運よく海外留学奨学金に採択された私は、星野が通ったアラスカ大学フェアバンクス校に留学する機会を得た。結果として、二〇一一年八月から二〇一五年八月までの四年間ほどを人類学科博士課程の大学院生として過ごすことになった。

大学院で北方人類学の基礎を学びながら、私はどの村に行こうかと思案した。日本ではアラスカ先住民について聞くことは稀かもしれないが、アラスカ大学に行って実感したのは山ほどアラスカ先住民に関する研究書があり、それと同じくらい多くの研究者がいることだ。ユピックやイヌピアットなどエスキモー諸語の人々がアラスカ北部から西部にかけて住んでおり、トーテムポールで有名な北西海岸先住民ハイダやトリンギットの人々がアラスカ東南部にいる。これらの著名な民族集団に比べると比較的マイナーな北方アサバスカ諸語の社会を研究することに決めた。本書では、以降「北方アサバスカン」という言葉を使うが、これは北方アサバスカ諸語の社会の総称である。アラスカ内陸部の北方アサバスカンは大型獣の狩猟とサケの漁撈《ぎょろう》を基盤とした生活を築いてきたことが知られていたが、その中でもクスコクィム川上流域に住むディチナニク[2]の人々に関心を持った。もちろんこの地域にも先行研究があったが、他の地域と比べるとこれまでの調査研究の蓄積が少ないように思われたからだ。

現在アラスカ先住民の村に調査目的で入るためには、村の評議会（その村の先住民の代表者が集う政治機関）から調査許可を得る必要がある。私がクスコクィム川上流域に住むディチナニク社会の調査を計画しているという旨を大学院のある演習で述べたとき、言語人類学専攻のクラスメイトがアルバイトでクスコクィム川上流域のテライダ村評議会で働いていることを教えてくれた。テライダ村はクスコクィム川上流域の最奥部の村であったが、二〇一〇年代には一世帯を残してすでに隣のニコライ村に移住してしまっていた（本書を書いている二〇二二年にはこの村に縁がある者が狩猟キャンプとして使うとき以外には無人となっている）。テライダ村は人口の上では実質的にニコライ村と合併した形になっているが、政治機関（村評議会）としては別のものとして存在を続けている。

このクラスメイトを介して、私はテライダ村評議会のフェアバンクス事務所の人々と知りあった。しばらくして、クスコクィム川上流域の民族生物学ガイドブック作成を依頼された。民族生物学とは、動植物に関する現地の人々の認識や知識を調べる学問分野のことである。私は、クスコクィム川上流域の人々と動物の関係を研究したいという研究計画を持っていたため、この仕事の依頼が来たのだった。民族生物学ガイドブックの仕事がきっかけとなり、在野の言語学者レイ・コリンズ（故人）と面識ができた。彼は一九六〇年代にニコライ村で言語の調査をおこない、隣村のマグラス村に移り住んでからも村人の信頼が厚かった。コリンズは、クスコクィム川上流域アサバスカ語（以下、クスコクィム川上流域語と表記する）を学び、聖書の現地語訳をつくることを目的としてウィクリフ聖書翻訳教会から派遣された長身瘦軀《そうく》の宣教師であり、現地語の簡易辞書や郷土史を残している。[3]

大学院での授業の合間を縫って、私はクスコクィム川上流域の人々が集住するニコライ村評議会に手紙を書き、民族生物学ガイドブックと自身の博士論文のためのフィールドワークをおこないたいと述べた。コリンズも、この手紙に推薦者として名前を挙げることを認めてくれていた。一ヶ月後、ニコライ村評議会から電子メールが届き、私の調査計画は認められることになった。

ニコライ村

ニコライ村は、人口九〇人ほどの小さな村であり、アラスカ先住民が住む多くの村と同じく、自動車が通行できる舗装道路が整備されていない。そのためアラスカの都市部からニコライ村に向かうためには小型飛行機に乗ることになる。アラスカ最大の港湾都市アンカレッジには州外や国外に向かう便が就航する国際空港とは別に、州内の村々に向かう小型飛行機の便が就航する飛行場がある。いわゆるブッシュパイロットが運航するセスナが主体の飛行場である。広大な飛行場の敷地の中からクスコクィム川上流域に向かう定期便を持つ航空会社の建物を見つけ、ドアを開けるとコーヒーの香ばしい香りが立ち込めていた。時期によって客層は変わるが、待合室には、近くの金鉱山に向かう屈強な鉱夫たちや、チャーター便でスポーツ狩猟に向かう狩猟客の他にも、世間話を続ける先住民の老婆やスマホをいじる若者たち、村に住む親のために大きな箱数個分の荷物を送る女性の姿もあった。受付を済ませ、しばらくするとパイロットがニコライ行きの乗客に集まるように声をかける。

パイロットに先導されるままに滑走路に向かうと、九人乗りのセスナが見える。ピラトゥスPC12のプロペラエンジンが回り出すといよいよ出発である。アラスカ州南部沿岸のアンカレッジから北西に向かうと、徐々に建物が姿を消していき、森や湖が点在する光景が広がる。途中からは山々が連なり、山頂には万年雪が残っているのを目のあたりにするだろう（図2－1）。北米大陸最高峰のデナリ山を擁するアラスカ山脈の上空を飛んでいるのだ。アラスカ山脈を抜けると、木々がまばらに生える低湿地帯に突入する。その低湿地帯には大きな蛇がのたうつようにいくつもの弧を描く川がある。これがクスコクィム川上流域南支流《サウスフォーク》である（図2－2）。この川を追って進んでいくと、人々が切り拓いたトレイルの跡が見えてくるようになる。セスナが高度を下げていくにしたがって、森と湖がどんどん近づいてくる。場合によっては水草を食《は》むヘラジカが見えることもある。ドンッという衝撃音とともに砂煙が舞う滑走路に着陸すると、あなたはニコライ村にたどりついたことになる。

図2－1　アラスカ山脈の上空

図2－2　上空から見るクスコクィム川南支流

セスナが降り立つと、四輪バギーに乗った村人たちが続々とやってくる。現在では通信販売サイトのアマゾンを使って商品を頼む人もいて、小型飛行機の中には数多くの段ボールやプラスチックの箱が積まれている。荷物の上げ下ろしを手伝っているとき、私に声をかける恰幅の良い古老がいた。当時村の第二チーフを務めていたニック・ペトロスカであった。「君の手紙を読んだよ。ニコライ村へようこそ！」穏やかな笑顔とともに太い腕が差し出され、私はそれを強く握り返した。こうして、私のニコライ村での調査が始まった。

村評議会は二階建てのログハウスで外壁は緑色で塗装されていた。一階には四〇代後半くらいの女性がいて、パソコンのスクリーンを眺めていた。その女性は私に気づくと、ベヴ（ビバリーの略称）と名乗った。彼女はトライブ事務管理者であり、村評議会の事務担当者である。そして、ニックの娘でもある。調査許可が降りたことを告げるメールを書いたのは彼女であった。ベヴが話を通してくれたおかげで、夏の臨時雇用で働いていた若者たちが数日間、民族生物学ガイドブックのためのインタビュー調査に協力してくれることになった。

フィールドワークの始まり

さっそく現地の協力者を得て、順調に進むかと思われた私の調査は一筋縄ではいかなかった。民族生物学の調査をする上では、現地の人々が持っている動植物に関する知識を聞き出して記録する作業が欠かせない。そのため、私は村評議会から現地の若者に村を案内してもらいながら、動植物の利用、とりわけ当時関心があった水鳥猟に関わる「伝統的な知識」を教えてくれそうな年配者や現役の狩猟者がいないか探して回った。第4章に登場するボブ・イーサイ・シニアのように、最初の訪問から気さくに長時間のインタビューに協力してくれる人もいたが、インタビューを断られることもあったし、ドアを開けた途端「お前は何をしに来た?」とすごむ者もいた(後日仲良くなってから聞いたのであるが、不眠症で前日から寝つけずにイライラしていたそうだ。お邪魔してごめんなさい)。

フェアバンクスにいるテライダ村評議会の担当者からは民族生物学ガイドブックを早めに仕上げるように言われており、ガイドブック執筆のために取材をすることが出張の目的であった。最初の短期滞在では、調査に協力してくれそうな良い話者がいればインタビュー調査を進めていこうと考えていた。私は日本の大学で修士課程に在籍していた際には島根県の隠岐島で民俗調査をおこなった経験があり、そのときにはアポなしで訪問しても、調査の目的を丁寧に説明すればインタビュー調査は順調に進んだ。日本の田舎で民俗調査をしたことがある人ならよく経験することではあるが、話し好きの老夫婦につかまり、五時間以上も帰してもらえなかったり、仲良くなった漁師の家で毎晩地元の海産物をつまみにビールを飲みながら話を聞いたりもした。しかし、アラスカでは少し勝手が違ったようだ。若者たちが村評議会の仕事に戻ったあと、私は民族生物学ガイドブック作成のためのインタビュー調査を断念し、顔見知りになった村人たちとぶらぶら時間を過ごし、狩猟や漁撈の師匠となってくれそうな人を探すことにした。[4]

私の師匠になってくれた人たちの中には、「はじめに」で言及したダニエルやフィリップが含まれる。彼らとの関係が深まったのには、ある出来事が関係している。私は調査を始めて間もない頃、ダニエルの甥であるフィルと仲良くなり、ダニエルとフィリップが住む家にも遊びに行くことがあった。ある日のこと、彼らの家で夕ご飯をご馳走になっていると、電話が鳴った。フィリップは、サーモン川へのトレイルを再整備する仕事を村評議会から依頼されていたが、いよいよ明日から仕事が始まることになったとのことだった。サーモン川は、マスノスケ（キングサーモン）の良い漁場であり、ニコライ村の人々はマスノスケが遡上する六月から七月にかけて、この川で漁撈キャンプを営んでいる。現在でも人々はこの川を毎年訪れているが、モーターボートが普及する以前はニコライ村から続くトレイルを歩き、森と湿地帯を通過して到着していたのに対し、近年ではモーターボートで川伝いに行くようになった。ここ五〇年間ほど使われていなかったサーモン川へのトレイルを再整備することで、モーターボートではなく、徒歩や四輪バギーでこの川にたどり着けるようにすることが村評議会のねらいであった。私はフィリップにトレイル再整備の作業に連れて行ってもらえるようにお願いし、無事一緒に行けることになった。

サーモン川へのトレイルは、ニコライ村の対岸にある小高い丘から始まっている。フィリップ、ダニエルを含む五名の一行は、斧で木の幹の表面を削ってつくられた昔の目印を頼りに周囲の湿地帯を縫うように進んだ。五〇年前につけられた斧の跡はすでに消えかかっているところも多かったため、新しい目印をつけたり、道に生い茂る草木を片づけたりしながらトレイルが再び利用できるようにしていった。一日目は何事もなく過ぎ、私はフィリップから神話や薬用植物について話を聞いたりしながら、楽しくこの作業に参加していた。

事件が起きたのは二日目であった。一日目に作業した箇所を通り抜け、しばらく進んでいくと道が二手に分かれていた。フィリップとダニエルはそれぞれ別の道を行くことを主張し、二手に分かれて進むことになった。このとき、私はすでに嫌な予感がしていた。二〇分ほど森の中を歩いていると、周囲の草むらから音がしてフィリップたちが合流した。フィリップたちが選んだ道では目印が見当たらなくなったと言っていた。しかし、ダニエルと私が進んだ道でも目印が見当たらなくなり、だんだんと道が細くなっていた。ついに道がなくなるところまで進むと、濁った水の沼が私たちを待ち構えていた。

サーモン川への正しいトレイルであれば、沼を二回渡ったあと二日目の目標地点であるフィッシュクリークに到着するはずであった。しかし、五、六回沼を渡っても一向にフィッシュクリークは見えてこない。午後二時に歩き始めてから九時間以上経過した午後一一時頃には私たちは遭難しかけているのではないかという意識が一行に芽生え始めていた。フィッシュクリークでは、別動隊が私たちの到着を待っているはずだったので、フィリップが持っていた無線機で連絡を取ろうとしたが、何度試みても返答がなかった。あとでわかったことだが、別動隊は何を勘違いしたのか三日目の到着地であるサーモン川で私たちを待っていたのであった。深夜から早朝にかけても私たちは森の中をさまよっていた（図2－3）。六月の白夜の時期であったため、うす暗くはあっても歩き続けることができた。内陸アラスカでは夏の深夜に摂氏一〇度ほどまで気温が下がることがあるが、その夜も息が白くなるほどであった。沼を渡るときにズボンが腰までびしょ濡れになったままだったので、私はとにかく歩き続けることで寒さに耐えた。

いよいよこれはまずいことになったと思ったのは、もう何度目か数えるのも煩わしくなるほど沼を渡ったあと、小休止を取っていた私たちにフィリップがこのような言葉をかけたからであった。

図2－3　沼の手前で思案するフィリップ（左）とダニエル（右）

今、私たちは苦難の中にいる。それでも努力を続けなければならない。昔の者たちがよく言っていた。すべての者は生き残れないかもしれない。だけど、誰かはきっと生き残ることができる、と。昔の者たちが言っていたことは、聖書にも同じ話があるのだ。

ロシア領時代の宣教以来、ディチナニクの人々は熱心な正教徒であり、フィリップはニコライ村教会の役職者でもあった。先祖の生き方と重なるものとして聖書に言及するのは、いかにも彼らしい発言であった。心臓病を患っていた彼は、体調に不安を感じていたのかもしれない。

沼地を歩き続けたあと、今度は地衣類がふかふかと茂った木立や針葉樹の森を歩いた。

うす暗い早朝の時間から次第に日が昇り、気温も少しずつ上がってきた。フィリップはまた無線機で別動隊に呼びかけた。今度は別動隊から応答があった。別動隊にフィッシュクリークに行くように指示したあと、フィッシュクリークからライフルを空に向けて発砲し、私たちが向かうべき方角を教えてもらった。発砲音は私たちが進んでいた方角とは逆の方向から聞こえた。それからまた数時間歩いた後でようやくフィッシュクリークにたどりついた。時計を見ると、午後二時であった。私たちは小休止を取りながらではあったが、ほぼ丸一日徹夜で森と湿地帯の中をさまよっていたのだった。

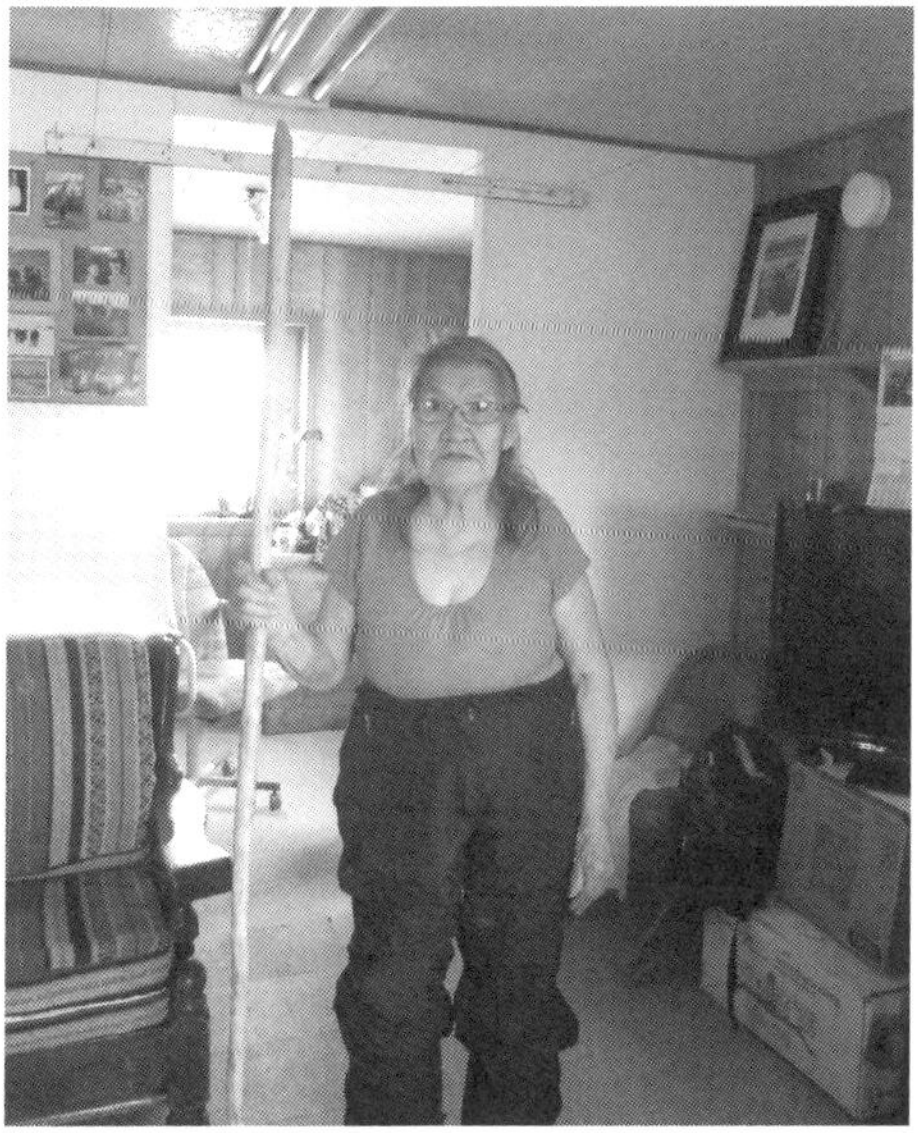

図2－4　フィリップの形見となった杖を持つドラ

帰宅すると、ニコライ村の中では私たち一行の半遭難事件が話題に上っていた。私たち一行と別動隊の間で交わされた無線機での会話がニコライ村にも伝わっていた。この出来事があってから、ダニエルやフィリップ、ドラたちは何かと私のことを気にかけてくれるようになった。半遭難事件をきっかけにフィリップの一家が私の師匠となったと言ってもよいだろう。この一件は彼らにも強い印象を与えたらしく、フィリップは沼地を渡るときに使っていた即席の杖を記念品として保管していた。フィリップが二〇一四年五月に亡くなってからも、ドラはこの杖を亡き夫の形見として保管を続けている（図2－4）。彼女も足が悪くなければ昔のようにサーモン川へのトレイルを歩きたかったのだという。ダニエルは、酒の席で私と話すときには口癖のように「いつかもう一度サーモン川へのトレイルを一緒に歩こう」と言ってくる。

本書のおもな登場人物

ここで本書に登場する私の友人であり、師匠である人たちを改めて紹介しよう。親族や交友関係を図2－5にまとめた。

フィリップ・イーサイと妻のドラはニコライ村で生まれ育ったディチナニクの老夫婦である。フィリップの父はニコライ村でよく知られたシャーマンであり、フィリップ自身も神話や禁忌などの知識に明るい。彼らの家ではカナダオオヤマネコ、ドールシープ、ツルなどの他の村人の家ではほとんど食卓に上らなくなった獣肉も盛んに消費されている。ドラはディチナニクの若い世代にはほとんど継承されていない皮なめしの技術を持っている。

ダニエルは、フィリップとドラの間に生まれた息子であり、「マウンテンマン」（山男）のあだ名で呼ばれる巨漢である。私がおもに調査をおこなった時期には五〇代前半であった。二〇一四年からはニコライ村の評議員の一人でもある（評議員は全七名）。狩猟文化を守ることに心血を注いだ父の跡を継いで、評議会では狩猟や漁撈文化に関する仕事を担当している。ニコライ村での私の「おじ」として面倒を見てくれており、会議でアンカレッジに行く際にはホテルのWi-Fiを使って、日本にいる私に通話アプリ

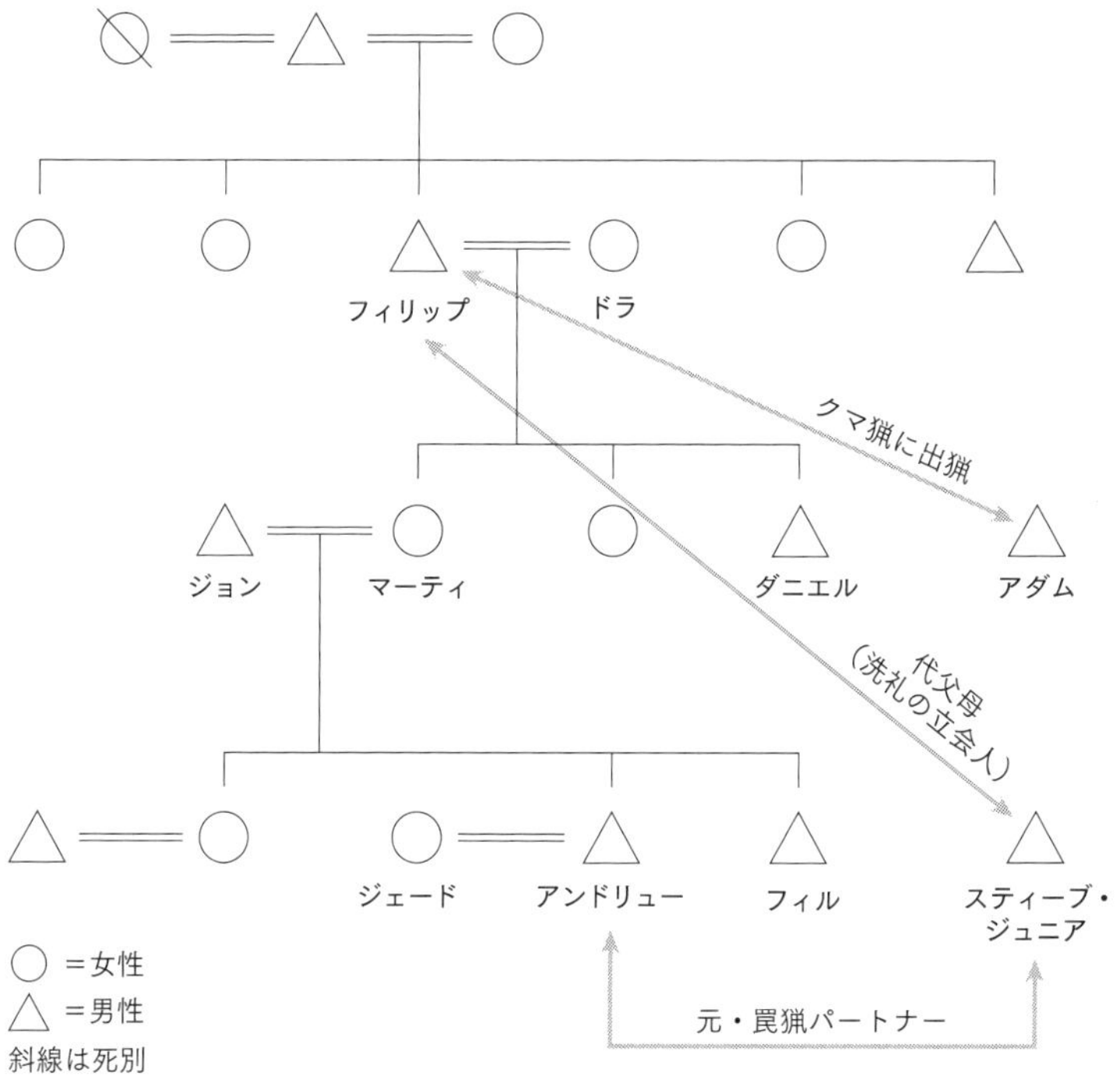

図２－５　本書のおもな登場人物の関係性

で電話をかけてくることがある。

ダニエルの姉マーティは、ニコライ村に大工の仕事でやってきたアメリカ南部出身のジョン・ランクルと結婚した。正教会の教義によっていとこ婚が禁止されている。村内で結婚相手を見つけることができたフィリップとドラの時代とは異なり、マーティと同世代のディチナニク女性の多くは、ジョンのような村外出身のヨーロッパ系アメリカ人と結婚した。ジョンは、義理の父親であるフィリップから犬ぞりを習い、現在でも趣味としてそり犬のチームを維持している。

アンドリュー（一九八四年〜）とフィル（一九九四年〜）はジョンとマーティの間に生まれた息子たちである。私の調査当時、それぞれ三〇代前半、二〇代前半であった。ジョンとマーティは一時期アンカレッジに住んでいたことがあり、彼らは都市部での生活も経験している。アンドリューは祖父のフィリップとともに出猟することも多く、狩猟の名手である。アンドリューは、私がニコライ村に滞在していた二〇一四年からニコライ村出身者の娘ジェードと同棲していた。現在では二児の父親である。フィルは、犬ぞりの操縦に長けた陽気な若者で、私の「兄弟」である。私はフィルの罠猟パートナーとしてビーバー罠猟に出猟していた（第4章、第5章）。

アダム・ニコライは、フィリップとドラの隣家に住む四〇代の猟師である。ニコライ家は、ニコライ村の始祖となったチーフ・ニコライの血を引いている。アダムは、フィリップとともにクマ猟に出かけていた（第5章）。スティーブン・ニコライ・ジュニアは、アダムのいとこである。フィリップとドラがスティーブンの代父母（正教会の洗礼に立ち会う後見人）を務めた経緯がある。スティーブンは以前アンドリューと罠猟パートナーであった。

個人主義的な人々？

私がダニエルたちから学ぶようになって気づいたのは、彼らが私に「一人で生きる力」のようなものを身につけさせようとしていたことだ。ダニエルは、ボート転覆やクマによる襲撃、森林火災との遭遇などの危険を察知して未然に事故を防ぐ方法だけでなく、万一の場合にはどのように対処すればいいかをよく私に語ってくれた。たとえば、ニコライ村の近くで森林火災が起きて村からも立ち上る煙が見えるときがあった。そのとき、私たちはベリーの生育状況を確認することも兼ねて、村の滑走路から続くトレイルを進んで、火災の状況を見にいった。ダニエルは、万一、森林火災に追いつかれて逃げ切れない状況になったときには、無理矢理逃げようとせずに火が進んで来る逆の方向に向かって火をつけるべきだと言った。いわゆる「向かい火（バックファイヤー）」の要領で、火がこちらに到着する前に可燃物を焼いておくことで火に巻かれることを避ける方法である。別の例では、凍った川や湖を歩く際には、氷が薄い部分が割れて、冷たい水の中に落ちてしまうのに注意しなければならないが、万一に備えてナイフをリュックサックの肩のあたりにつけておくべきだという。氷の割れ目から自身の身体を引き上げようとするとき、氷が滑り、うまくつかめない場合がある。その際にもナイフがあれば、それを氷に刺すことで確実に氷を捉えることができる。

幸いにして、私は現地調査中にダニエルの語った緊急避難方法を実地で試す必要に迫られることはなかったが、彼は野外活動中に自分の身を守るための知識を私が吸収しているか気にしていた。ある夏の日、ダニエルと私はサーモン川へのトレイルの入り口付近に赴き、ベリー摘みをしていた（いつかサーモン川へのトレイルを再び歩くための偵察も兼ねていた）。ダニエルは、ベリー採集のときにはクマが近づいて来る兆候がないか注意を怠らないことが大事だと述べた。私はベリー摘みの際にダニエルの数歩後ろを歩いていたのだが、ダニエルは私が彼の数歩横を歩くように言った。左右に並んで歩く方がより広範囲をカバーできるためクマの接近に気づきやすくなる。また、ベリーを効率よく摘むためにはベリーが群生するパッチを見つけることが大事であり、二人が前後に並ぶよりも左右に散らばることでベリーのパッチが見つかる可能性が高くなる。ダニエルは「私たちはみずから歩く」と言っていた。

しばらくして、彼はトレイルの様子を見て来ると言って、私にはそこでベリーを摘み続けるように指示したあと、トレイルの奥に向けて歩き始めてしまった。私はずっとベリーを摘んでいたが、周囲を確認することも怠らなかった。やがて、何かが木々の間で動くのが見え、人の話し声が聞こえたが、ダニエルが着ていたオレンジ色のTシャツが彼方に見えたのでそのまま作業を続けた。一〇分ほどして、彼は森の中から帰ってきて、私に何か危険を察知したかと聞いた。ダニエルは、クマが周囲に自分の存在を知らせるためにすると言われている前足で音を鳴らす動作を真似しながら森を歩き回ったあと、助けを呼ぶ声を挙げていたらしい。彼は自分がトレイルの先を歩いていて、クマに襲われたという場面を演じて、私がその物音や気配に気づくかどうかを試していたのだ。

私の経験は、北方アサバスカ諸語の社会の特徴とされる「個人主義」と深く関わっている。正しい知識とは、人から聞いて覚えるものではなく、みずからの経験によって検証された上で初めて受け入れられるべきものである。[5] 彼らは、知識が知識そのものとして重要なのではなく、それが実践できてこそ意味があるという実用主義の考えを取る。人と協力しあうことも大切であるが、最終的には一人で生き残

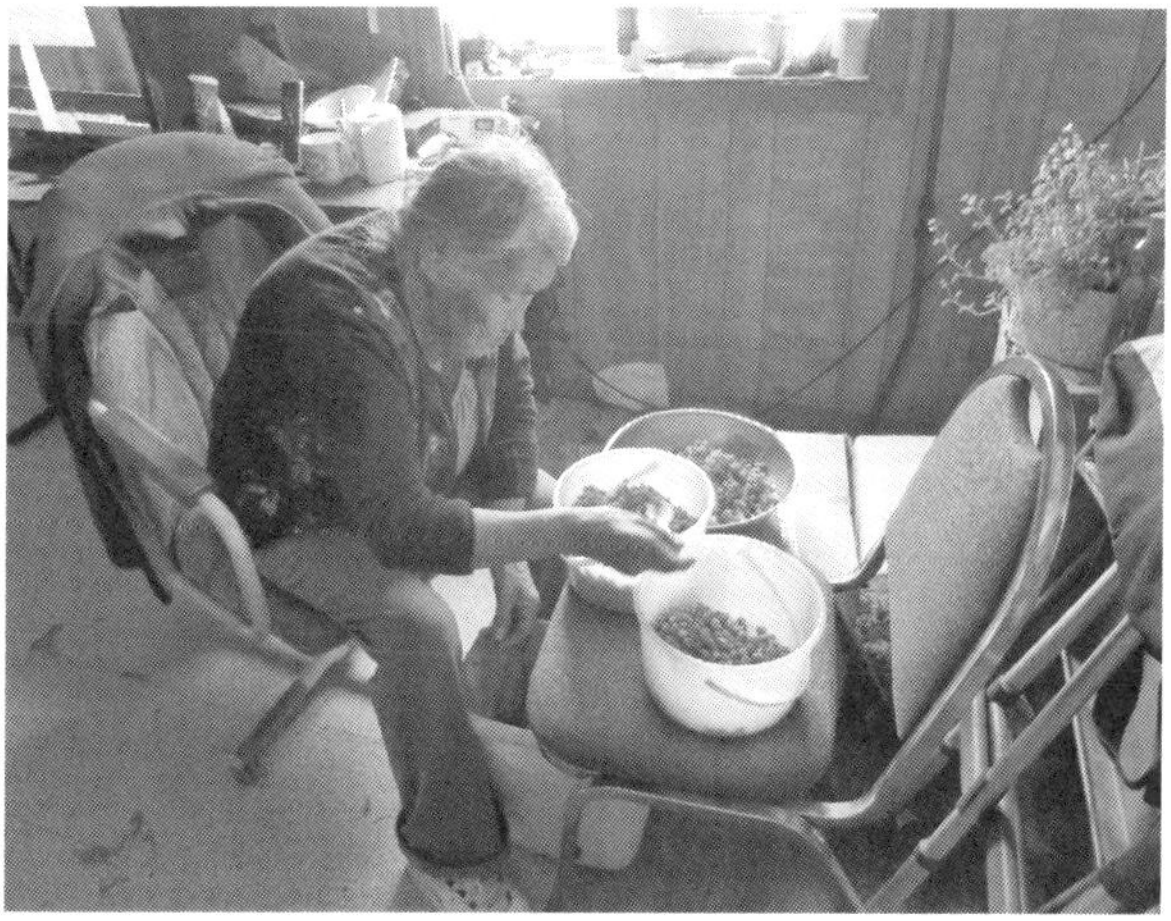

図2－6　ベリーをより分けるドラ

ることができなければならない。そのためには、自分で情報を集め、判断し、行動に移せなければならない。この点をマルチスピーシーズ民族誌の文脈に当てはめて考えれば、ダニエルは私が彼の後ろを行くことで調査対象者としての彼の行動を観察することに専心するのではなく、調査者自身がベリーのパッチを探し、クマの接近に気を配ることでこれらの存在との身体的な交渉に開かれることを望んでいた。

サーモン川へのトレイルを再訪し、ベリー摘みをした日以外にも、ダニエルはときに私を一人でベリー摘みに行かせた。前述したダニエルの教育方針を考慮すると、このような指示は単に家内労働力をうまく差配して食料獲得を進めるといった表面上の目的だけでなく、私自身が北方樹林の中でさまざまな生物の動きについて理解し、それに応じた行動がとれるようにするための訓練でもあったと考えられる。関連して、若者は村の中で時間を過ごすのではなく、森に出かけて家族の生活のために必要な資源（薪、獣肉、ベリーなど）を調達するべきであるという考え方がディチナニクの古老や年長者の間には根強い。野外に出かけていると、老親から「家の中にずっといるな」と怒られたから、森の中に出てきたと語る者に出くわすこともある。

ベリー摘みをしている人々の観察ではなく、みずからベリー摘みをするようになると、より一層森の中での生物の痕跡に気を配るようになった。私は番犬としてフィリップ一家の飼い犬ラスティを連れていき、30－30口径のライフルを護身用に携えながら、ベリーを摘んでバケツの中に入れていった。ラスティの視線や行動に注意するだけでなく、ベリーのパッチにあるクマの食痕や足跡、地面に落ちた野生動物の糞、風に乗って運ばれてくる匂い、周囲から聞こえる物音、林の中にいる間は全身の感覚を使って自分の置かれた状況を確認するようになった。ダニエルを含むディチナニクの村人たちが森を歩くときに欠かさずにチェックするカバノアナタケ（シラカバに寄生する木質の薬用キノコ）や薪に適した枯れたトウヒ（モミに似た樹木）のことも忘れないように心がけた。

これらの観察から考えると、「個人主義」という言い方にはやや語弊があるかもしれない。確かに森の中で生きていく方法を各人が身につけることが目指されるが、それは他の人々と協力したり、助けあったりしないという意味ではない。むしろ、力点が置かれているのは、多種との身体的なチューン合わせをそれぞれの人が他人任せにせずにおこなうことである。彼らの「個人主義」とは、万人が森の生きものとの関わりに開かれているという点で「一人であっても多種と関わって生きる力」のことを示している。

徒弟的なフィールドワーク

ベリー摘みの事例からディチナニク社会でのフィールドワークについて考えてきたが、このことは北方アサバスカンの「調査」とはどのような実践を意味し、調査者は情報提供者（本書では「師匠」と呼んでいる）とどのような関係性を築くべきなのかという問いに関わっている。北方アサバスカン民族誌学の第一人者であるコーネリアス・オスグッドは、北方アサバスカ諸語の人々の間での民族誌調査が非常に困難をともなうものであると考えていたようだ。オスグッドの弟子であったジョン・ホニグマンによれば、オスグッドは「ある特定の際だった性格的な特徴がアサパスカンの人々を他とは区別されたものとしており、そのことが対人関係において彼らに接近するのを難しくしているかもしれない」という趣旨のことを語ったとされる[6]。ニコライ村の調査を一九六〇年代におこなったエドワード・ホスリーも、現地調査に赴く前にオスグッドから「北方アサバスカンのフィールドワークは人間の精神を試すものになりうる」と言われたという[7]。

こうした初期の調査者が出会った困難は、調査者と情報提供者のコミュニケーションスタイルの違いに部分的に基づくと考えられる。これまでおもに北方アサバスカンの民族誌的な調査をしてきたのは、ヨーロッパ系アメリカ人およびカナダ人であった。全体的な傾向性として、ヨーロッパ系北米人の間では対等で明示的な言語コミュニケーションが意思疎通に求められる。他方で、北方アサバスカンの人々は一部の「語り手」を除いて一般的に寡黙であり、とりわけ男性は自身の感情を口にしない傾向が強い。そのかわりに冗談を言ったり、周りにあるものについて話したりすることが多い。また、ヨーロッパ系北米人による植民地主義的な政策の影響で、北方アサバスカンを含むアラスカ先住民の人々は主流社会に対して強い不信感を抱いていることも考慮に入れる必要がある。

情報提供者自身や他の村人、過去の人々に関する微細な質問を浴びせるいわゆる「民族誌インタビュー」は、そもそもそれをおこなう外来の調査者に対する不信感が障害となるだけではなく、北方アサバスカンにおける好ましい対人関係のあり方から大きく外れたものである。無理やり人から答えを聞き出すのではなく、知識を得るための正しい方法はみずから実践して考えることである。オスグッドは、調査の困難さを北方アサバスカンの人々の「気質的な難しさ」に帰したが[8]、それは自民族中心主義的な考え方と言える。困難さの理由は、彼がみずからの調査法を北方アサバスカンの人々にとって受け入れやすいものに調整しなかったからだと考えられる。これは現地調査の初期にインタビュー調査が思うようにうまくいかなかった私の経験とも重なる部分がある[9]。

それでは、どのような調査方法が望ましいのだろうか。村人の生活実践を徒弟制のように学びながら、調査者自身でもそれをできるかぎり実践できるようになることを目指すやり方が良いのではないかと私は考えている。私は情報提供者を「師匠」と呼んできた。狩猟、漁撈、採集といった活動に関して村人と同じくらい習熟することは一年程度の調査では不可能であるが、できるかぎり自分でもできるようになることが目指される。文化人類学におけるスタンダードな「参与観察」は、一名の調査者が少なくとも一名以上の情報提供者と一緒に行動をともにするため、二名以上での活動となる。しかし、北方アサバスカンの現地調査の中では、調査者が一人で生業活動を実践する時間もあるし、複数で行動している際にも生業活動を観察するだけでなく、調査者自身も活動に参与するように求められる。そのため、これまで多くの北方アサバスカンの研究者は、生業活動の観察をするだけでなく、何らかの形で参与・実践してきた[10]。もちろん、通常の参与観察や民族誌インタビューが必要ないと主張しているのではなく、状況に応じてうまく組みあわせることが肝要だ[11]。

以降では、私が現地調査の際にみずから捕獲した動物の中からハクチョウとヤマアラシの事例について記述し、ディチナニクの生業活動の一部を紹介するとともに、フィールドワークの一部として生業活動を実践する調査方法の様子を伝えたい。

事例一　水鳥猟の経験

春はこれまで雪と氷に包まれて眠っているかのような内陸アラスカが急に息を吹き返す季節だ。日照時間が日増しに伸びていき、川の氷が緩み始め、繁殖期を迎えた水鳥の群れが南から渡ってくる。この季節になるとニコライ村の人々は散弾銃を手放さない。朝、村内やその付近を散歩している男たちが散弾銃を持っていることはごくありふれた風景である[12]。コーヒーを飲みに友人が訪問しに来た際も散弾銃を手にしていたので驚いたことがある。

私はこの時期、村の若者たちと水鳥猟のキャンプに出かけていた（図2－7）。日帰りから数泊の野営までいろいろなパターンがあったが、年長者はモーターボートやスノーモービル[13]を使う傾向があるのに対して、こうした機器を持たない若者は徒歩で猟場まで向かう。猟場に歩いていく間にもハリモミライチョウ（春は繁殖期なので撃つのはオスのみである）やマスクラットの狩りをする。水鳥がやってくる湖や小川まで来たら、茂みの中に入ったり、倒れたトウヒの幹をブラインド代わりにしたりして身を隠す場所をつくる。あとは水鳥がやってくるのを気長に待つだけだ。ツルやガン、カモの群れが通りすぎるたび、人々は散弾銃の薬莢を使ってつくった即席のバードコールや指笛で鳥の鳴きまねをする。散弾

図2－7　水鳥猟キャンプの様子

銃が届く距離にまでおびき寄せることができれば、仕留めることができる。

獲った水鳥を枝などで立った姿勢のまま置いておき、デコイ（他の仲間をおびき寄せるためのおとり）とすることもある。水鳥が取れだすとデコイがいくつも湖や小川の近くに置かれることになるが、デコイの数が増えるほど上空にいる鳥たちからも気になる場所になるようだ。このような水鳥猟キャンプでは、できるかぎり荷物を減らすため、テントを持っていかない。夜になるとたき火で身体を温めながら野営する。私は寝袋とマットレスを持っていったが、冬用のジャケットとブーツを着てそのまま地面に寝る者もいる。朝になると小川の表面が再び凍っていることもあり、春とは言え、夜の寒さは厳しい。以下は私が初めて水鳥を仕留めた際の回想である。このキャンプには、アダム、アンドリュー、スティーブン、フィル、私の五名が滞在していたが、アダムとアンドリューはいったんニコライ村に帰っており、スティーブン、フィル、私の三名が残って猟を続けていた。

私たちはキャンプでラジオから流れる音楽を聞きながら、雑談をしていた。そろそろ、夕食の支度をしなければならない。私とフィルは昨夜、穫ったマスクラット三匹を解体して、火にくべたばかりだが、これだけではとても足りそうにない。そのとき、ヒューッという鳴き声とともに、大きな羽音がして何者かが水面に降り立つ音がする。野営地に緊張が走る。私たちは一瞬互いの顔を見あわせる。スティーブンはラジオをとめる。私も、物音をたてないようにしながら、ブラインドの前に立つ。二羽の純白の大きな鳥が雪のない早春の景色に場違いなほど目立っている。ナキハクチョウだ。鳥たちは、ブラインドの前にある小川を泳いでいた。私たちの存在には気づいていないようで、二〇メートルほど前まで近づいてきている。絶好の機会だ。

私はゆっくり立ち上がり、レミングトン社製の散弾銃に手を伸ばす。散弾をチェンバーに装填し、ブラインドの隙間から中腰の体勢で照準を定めようとする。昼下がりから強くなってきた風が、一二〇センチはある散弾銃の銃身を微妙に左右させる。「ブラインドの上に銃身を置いて、安定させたほうがいい」、スティーブンが小声で助言をする。私は言われた通り、立ち上がって、ブラインドとして使っているトウヒの幹に鋼鉄製の銃身を横たえる。ナキハクチョウはまだ私たちに気づいていない。フィルも横で散弾銃を構えて、私が発砲するのを待っている。彼の目配せを横に見る。私はセーフティを外し、照準機を覗いて、目の前を泳ぐ真っ白な塊に銃身を向ける。人指し指を伸ばし、引き金にかける。

爆音とともに、耳鳴りが続く。ハクチョウの首が崩れ落ちた。今度は、フィルがもう一羽のハクチョウにとどめをさそうとしている。彼の弾は羽を切り裂いたようで、ハクチョウは羽をばたつかせながら、こちらに向かってくる。フィルはすばやく、22口径のライフルをつかみ、スコープを覗いて、発砲する。ポーン、ポーン、ポーン、ポーン、ポーン。羽を大きく動かしていたハクチョウはまもなく地面に前のめりに倒れ込み、全身を痙攣させている。すらっと伸びた細い首は力なく、水草の上にもたれかかる。

じつは内陸アラスカでは、つがいのハクチョウを撃つ際には気をつけなければならない点がある。それは、どちらか片方のハクチョウを撃ち損ねて、どちらか一方だけが生き残ることがないようにしなければいけないことだ。その理由として、ダニエルは、「ハクチョウが生涯にわたって同じ相手とつがうからだ」という。つがいの相手を失ったハクチョウは、悲嘆に暮れて、周囲を飛び回りながらとても悲しい声で鳴く。その鳴き声を聞くと、いたたまれない気持ちになるので、つがいのハクチョウを狩るときには細心の注意を払わなければいけない。フィルと私がほぼ同時に散弾銃を発砲したのは、このことを念頭に置いていたからだ。

友人たちと水鳥猟に出かけた私は、どうしてもみずからの手で獲物を仕留めたいと思っていた。村でお世話になったフィリップのメモリアルポトラッチに供する肉が必要であったからだ。メモリアルポトラッチとは、ある人が亡くなってから一年後におこなわれる会食の機会であり、「伝統的な食べもの」、つまり野生鳥獣の肉を使った料理を供するのが望ましいとされる。メモリアルポトラッチは五月に開催されることになっていたが、そこで供する料理として、春になると水鳥猟に足しげく通ったフィリップにちなんで水鳥を使ったものが良いのではないか、と思ったのであった。ハクチョウを仕留めた私は、どっしりとして赤黒い胸肉の塊を村に持ち帰り、残りの部位は焼き肉としてキャンプ仲間とともに食べた。メモリアルポトラッチの当日、私は、村まで持ってきていたカレーのルーを使って、ハクチョウ胸肉のカレーをつくり、無事に参加者にふるまうことができた。

事例二　家の庭でヤマアラシを捕まえる

二〇一五年夏のある日、白夜でもうすでに明るい朝四時半頃に床を抜け出たことがある。ふと見ると、何か見慣れないものが小屋の階段を登ろうとしている。こげ茶色の塊から至るところに白い針が突き出ている。尻尾は二等辺三角形のような形でおびただしい数の針がついている。そう、村人たちが「ヌニ」と呼ぶこの生きものはカナダヤマアラシだ。ヤマアラシは私に気づくとどさどさと音を立てながら階段を下りていった。私は寄宿していた小屋に住むダニエルとドラに「ヌニ、ヌニ！　ヌニがいるよ！」と知らせたあと、急いで運動靴に履き替えた。私が戻ると、ヤマアラシは階段の下まで来ていた。改めて私がやってきたのを知り、家の基礎の下に潜り、体を丸めて針を逆立てて、防御態勢をとった。

以前村の古老と狩猟に出かけた際に、ヤマアラシをボートの櫂で撲殺しているのを見ていた。ヤマアラシを狩るのには、大きな木の棒が必要だと思い、私は小屋の近くに置いてあった二メートルほどのトウヒの棒を摑んだ。キャンバステントを建てるときの支柱として使うために置かれていたものだった。まずはヤマアラシを基礎の下から出させなければならない。棒でつついてみるが反応がない。それでは、と腰のあたりを狙って、棒で軽く殴ってみる。木のささくれに引っ掛かって、針が折れる音が聞こえる。ヤマアラシは耐えかねたと見えて、基礎の下から出てきて、草むらの中に逃げ込もうとする。今度は草むらの方から棒で追いやり、なおも防御態勢を崩さないヤマアラシにジャブを食らわせる。様子を見て

図2－8　仕留めたヤマアラシ

いると、ヤマアラシは頭を出して、のっそのっそと尻尾を振りながらこちらに向かってくる。針のついた尻尾で私を滅多打ちにするつもりに違いない。私は肩越しに棒を振りかぶり、思いっきりヌニの頭めがけて振り下ろした。ドスンと音がして、ヌニは静かになった（図2－8）。

仕留めたヤマアラシを家の庭にあったテーブルの上に置いて、しげしげと眺めていたら、いつもの紫色のジャケットを羽織ったドラが、せき込みながらやって来た。ヤマアラシに気づくと、うれしそうな顔を見せた。「ヌニ」は「ラッキーアニマル」なのだという[14]。続いて、トレードマークのオレンジ色のTシャツに、サンダルと短パン姿のダニエルがやってきた。彼も顔をほころばせたあと、「君が「ヌニ、ヌニ！」と叫んでいるのを聞いて、酔っぱらっておかしなことでも叫んでいるのかと思ったよ。ほんとにヌニがいたんだね。家族のために肉を獲る。とても良いことだ」と言った。

私はドラに解体方法を教えてもらうことにした。小さな焚火の上でヤマアラシの針をあぶり、棒でこそぎとってきれいにする。首からナイフを入れ、内臓を出す。そのまま、四肢や肋骨の骨のつなぎ目にナイフを入れるようにして、肉を部位ごとに切り離していく。「ヌニ」肉をドラに渡すと、じゃがいもや米とともにヌニ・スープをつくってくれた。私たちは近所に住み、ドラの友人であるヴェラデルシアも招いて、ヌニ・スープに舌鼓を打った。ヌニ・スープはぎっとりとした脂でやや獣くさいが、肉のうま味を感じる味わいであった。なお、ヌニの内臓は消化物が入ったまま飼い犬の餌となった。ドッグフードをよく残していた犬たちがあっという間に内臓を平らげてしまったのには驚いた。

フィールドワークの身体性

これらの事例からもわかるように、調査者がみずから生業活動を実践しながらおこなう徒弟的な調査法は、個人的体験を重んじる北方アサバスカン社会における社会化のあり方と適合的なだけでなく、食物の分配を通じて現地の人々とラポールを築くことができるという利点も有する。現地調査の際に村人にあげたものの中で最も喜ばれたのは、前述したように生業活動を実際に自分でもおこなうなかで得られた獣肉・魚・ベリーであった。とくに古老にとって、新鮮な獣肉は非常に喜ばれるものであるが、それらを現金で買うことはできないし（生存のための狩猟で得た動物の肉を売るのは法律違反となる）、人々もそのようなやり方を望んでいない[15]。フィリップのメモリアルポトラッチの機会に獣肉を使った料理を供したかった私にとって、狩猟の参与観察にとどまらず、友人たちから教えてもらいながら自分でも銃を手に取って獲物を捕獲する必要があった。

ここで改めて強調しておきたいのは、私がフィールドワークを通じてみずから狩猟を経験したことは決して特別なことではないことだ。むしろ、北米の北方樹林帯で長期の現地調査をおこなった者は大抵似たようなことを経験している。その中で興味深いのがカナダ・ユーコン準州のクルアネを調査したポール・ナダスディの経験である。ナダスディは、調査地でウサギの罠かけを習い、それを実践していた。ナダスディが罠を見回っていると、首をくくり罠で捕えられたカンジキウサギが針金を巻きつけたまま逃走する場面に出くわす。数日後、彼の小屋の前に針金を巻きつけたウサギが現れた。ウサギにとどめを刺したナダスディは、この話をクルアネの友人にしても、誰も驚かず、人間の言葉で話しかけてくる動物に出会った人の話をする古老もいた。そのような経験をしたナダスディは、北方狩猟民社会で人口に膾炙《かいしゃ》する「動物は狩猟者にみずからの身体を捧げる」という考え方を文化的構築物としてではなく、字義通りの意味で理解する可能性に開かれていることが重要だと考えるようになった[16]。

ナダスディは、北方狩猟民の世界を理解する上では、情報提供者が語ることを真剣に受けとる必要があり、「自然界にそのような次元〔動物が意志を持って人間に身を捧げること〕が実際に存在するかもしれないという可能性を頭ごなしに拒絶しないこと」が求められていると論じる[17]。彼によれば、ヤングとグレが言う「とんでもない経験」、つまり、「人類学者自身は異常でまれだとみなしているが、ホスト文化の人々にとっては普通だと受け止められている経験」を積極的に報告することで、「先住民とその生活様式に対する政府の管理強化を防ぐのみならず、狩猟民社会および人と動物の関係に関する新しい重要な知見も」得ることができるのだという[18]。

大方の人類学者にとってナダスディの立場は危ういものに映るだろう。人類学徒は現地人の世界観に敬意を持ち、自社会の常識をいったんカッコに入れて文化相対主義的な態度を保つことが求められているが、逆に彼らの世界観を無批判に正しいものとして受け取ることも「現地人化（going native）」とみなされ、望ましくないとされる。現地人の語りのみを分節化した命題を検討の対象とした上で、そのような命題（「動物は善き狩猟者に身を捧げる」）をそのままみずからの信条として受け入れねばならないとナダスディが主張しているのであれば、私も賛同しかねる。

しかし、私の解釈では、ナダスディが唱導しているのは（あたかもＵＳＢメモリを使ってパソコン間でデータの移動をするかのごとく）調査対象地に住む人々の頭の中にある命題を自身の頭に移し替えることではない。彼が言わんとしているのは、人や動物、精霊などさまざまな存在の「あいだ」に創発する世界を理解するためには、それらの存在との関係性からまったく切り離された傍観者として向きあうことはできない、ということだ。自分の身体を実験台として、諸存在がつくり出す世界に巻きこまれることで、新しい視野が開けてくる。人々の認識を自分の中に吸収することを目指すのではなく、人と動物、精霊といった存在が織りなす網の目に巻きこまれることで身体的存在としてのみずからが変化しうることに向きあおうというのがナダスディの呼びかけであったと私は考える。この観点から考えると、ナダスディの呼びかけはいわゆる「存在論的転回」の「他者を真剣に受けとること」を多種との絡まりあいに引きつけたやり方で展開したものだとも言える。関連して、私が考えるマルチスピーシーズ民族誌の問題意識がいかに「存在論的転回」のそれと重なりあいつつ、異なる射程を持つのかを第５章で論じることになると予告しておきたい。

ただ、一つ指摘しておかなければならないのは、ナダスディや私の試みがあくまでもその第一歩を記したにすぎないことだ。ウサギの罠かけは子どもや高齢者でもできる生業活動であり、成人男性がおこなう生業活動としてはあくまでも副次的なものである。同様に、私が本章で報告したヤマアラシや水鳥の狩猟も、一家を支えるのに不可欠な大量の肉を与えてくれるヘラジカや狩猟者としての威信を高めるハイイログマの狩りと比べると「男の仕事」としては周辺的なものである。さらに、私は散弾銃（一二番）やくくり罠を用いた狩猟で捕獲に成功したことはあるが、ライフルでの狩猟は失敗続きであった。ジュディス・オークリーが指摘するように、人類学徒は現地人ができることができないみずからのままならぬ身体に向きあうことでフィールドでの学びを深めていく。[19]

本章の後半では狩猟や採集といった生業活動の様子を駆け足で紹介してきたが、続く第3章と第4章では、神話と禁忌を手がかりとしながら、ディチナニクの人々とさまざまな生物の関わりを見ていく。

第3章　ワタリガラスのいかもの食い
——ある神話モチーフを考える

トリックスターとしてのワタリガラス

人類学者リチャード・ネルソンは、コユーコンの猟師たちが豊猟を祈ってワタリガラスに話しかけるという習慣にちなんで、有名な民族誌『ワタリガラスに願いを』の題名をつけた。すべての動物が人間であった神話の時代、「ドォッソン・サ」つまり、〈大ワタリガラス〉は、強い力を持ち、世界を創造した。だが、彼は、獲物を独り占めして知らぬふりをしたり、魚をいつも獲ってくる甥の〈ミンク〉に対して、魚は飽きたからクマを狩ってくるように命じたりする、わがままでずる賢い人物として描かれている。[1] そのイメージは、鳥としてのワタリガラスの姿とも重なる。コユーコンの古老いわく、「ワタリガラスは自分では何も狩らない。彼は、すでに死んだものを何でもいいから見つけようと見張り、楽なやり方で食べ物を得る。昔の物語のように、常にみんなをだましているから楽にやっていけるんだ」[2]。

よく知られているように、〈ワタリガラス〉は北方樹林のトリックスターなのである。

彼のトリックスターぶりは、その名にもあらわれている。コユーコン語とよく似たクスコクィム川上流域語では、ワタリガラスを指す「ドォトロン（dotron'）」は、「糞ひる者」と訳される。ディチナニクの人々が語る神話の中には、〈ワタリガラス〉が糞とトウヒの枝に呪術をかけて、ツノガイの装飾がついた美麗な衣服をつくり出す場面がある（次節内の事例二を参照のこと、以下、事例名のみ表記する）。〈ワタリガラス〉は、盗まれた〈クロテン〉の腕を取り返すために川上の村に潜入するが、その村で同棲することになった女への贈り物としてその衣服を与える。その後、首尾よく〈クロテン〉の腕を取り返すことができた〈ワタリガラス〉が川上の村から逃げ帰るとき、女の着ていた衣服はもとの状態へと戻り、女は糞まみれとなる。コユーコンの人々によれば、ワタリガラスはオオカミが獲物を得たのを知ると、近くに寄っていき、肉の周りを糞で埋め尽くす。[3] ワタリガラスは、神話の中でも生態系の中でも糞をひって抜け目なく立ち回る「糞ひる者」なのである。この例からもわかるように、神話モチーフの細部が生態学的な観察と深いむすびつきを示す例は少なくない。

他の例を挙げれば、コユーコンの神話の中には襲ってきた〈クマ〉に対して〈ヤマアラシ〉が尻尾を振り回して反撃し、返り討ちに遭わせるという話がある。[4] 第2章で紹介したヤマアラシ猟の際にも、体を丸めて防御態勢をとっていたヤマアラシが耐えきれず、尻尾を振り回し接近してきたことが私の記憶に鮮明に焼きついている。ヤマアラシを狩る人々にとって、神話の中での〈ヤマアラシ〉が尻尾を振って反撃する姿は大いに納得がいくものである。

神話は子育てによく効く？

ディチナニクやコユーコンの人々のような内陸アラスカ先住民の間では、神話はもっぱら夜に年長者が子どもたちに向けて語るものであった。ディチナニクの場合、「フゾッシュ（hwzosh）」と呼ばれる神話は、子どもたちが成長をする上でとても重要なものとされ、話の途中で寝てしまう子どもは長生きができない（成長する前に死んでしまう）と言われていた。フィリップは「フゾッシュ」をディチナニクの人々にとっての「歴史」だと呼んでいたし、ニック・アレクシア・シニア（図3－1）は「フゾッシュ」が若い世代への「贈りもの」であると述べたことがある。[5]

図3－1　ニック・アレクシア・シニア

この点をディチナニクの人々の間でも重要視される「個人的経験の重視」という特徴とあわせて考えてみよう（第2章参照）。私がヤマアラシ狩猟の際に観察したものが〈ヤマアラシ〉のふるまいと響きあっているということは、狩猟経験と神話が相互補強的な関係にあることを意味する。生態学的な観察に基づくモチーフを含む神話を聞くことによって、これから北方樹林での生き方を学ぶ者たちが「注意の教育」[6]を受けることになる。神話がフィリップの言う通り「歴史」なのだとしたら、それは彼らがさまざまな生きものたちと築いてきた時間の重なりあいが結晶化したナラ

図3－2　ダニエルの飼い犬

ティヴであるからだろう。そして、それは次世代への「贈りもの」として、若い聴衆たちがみずからの力で学びを深めていく際の拠り所となる。神話は生態系に関する知識を与えてくれるとともに、狩猟経験が改めて神話を想起させる。そのことによって両者が相互包摂的な関係性を築く。この観点から考えれば、神話は北方樹林の生態系を生きのびるための学習装置の一部として捉えることができる。

　だが、神話のモチーフには、生態学的な観察のみで解釈することが難しいと思われるものもある。コユーコンとディチナニクの人々が語る神話において、動物人間たちが〈ワタリガラス〉に頼みごとをする際には、肥やした飼い犬をつぶして、犬肉料理を彼にふるまうことが決め手となる（事例一、事例二、事例四）。しかし、内陸アラスカ先住民の間では、基本的には犬の屠畜をおこなうことはないし、ひどい飢饉のとき以外、犬を食べることはない。[7]犬は重要な飼育動物であり、食用となる野生動物とは異なる位置づけにある（図3－2）。ネルソンによれば、コユーコンの人々は、役に立たなくなった犬を射殺することもいとわないが、わざわざ、他の動物に食べられないように火葬していた。[8] 犬肉を食べたり、毛皮を使ったりすることは彼らにとって考えられないことである。それにもかかわらず、〈ワタリガラス〉は犬肉を好み、犬皮の服を愛用していると彼らは言う。[9]

神話で描かれる動物人間たちの生活は、基本的にはそれを語る内陸アラスカ先住民の「伝統的生活」とでも呼ぶべきものを踏襲している。彼らは、カヌーに乗り、簗《やな》で魚を捕え、弓矢を手に狩猟におもむき、とびきりの贈りものと引き換えに呪術師に頼みごとをする。その分、神話で語られる犬の屠畜は、興味深い逸脱である。なぜ、犬を基本的に食肉や毛皮として利用しない内陸アラスカのコユーコンやディチナニクは、神話において犬の屠畜と犬肉料理によるワタリガラスへの饗応とを語るのだろうか。本章では、神話モチーフの生成・伝播、動物行動学および生態学的な観察、口承文芸における修辞戦略の観点からこの問いを検討する。また、この問いを考えることによって、学習装置の一部としての神話をより深く考えるきっかけとしたい。

犬の屠畜とワタリガラス神話

本章で検討するワタリガラス神話の四例を以降にまとめてある。事例一～三はディチナニク、事例四はコユーコンの語り手から採録されたものである。これらの事例は私が記録したものと文献から得られたものの両者を含んでいる。典拠や話者名、採録時期などの情報は巻末注にまとめてある。なお、事例三では必ずしも犬を屠畜するというモチーフが示されていないが、ワタリガラスに「ネマージ」と呼ばれる儀礼食（詳しくは後述する）を贈ることで仕事を依頼するという筋書きが事例一と共通しているため、参考としてここに掲出することとした。

事例一　〈ワタリガラス〉と〈カモメ〉の人々[10]

あるとき、人々は魚が獲れなくて困っていたので〈ワタリガラス〉に助けを求めた。彼らは犬をつぶして、「ネマージ」と呼ばれる儀礼食をつくって〈ワタリガラス〉にふるまったので彼は川下へと進んでいった。〈カモメ〉たちが住む川下の村では、簗が仕掛けてあって、魚がたくさん獲れている。これのせいで上流域まで魚がやって来なくなっていた。〈ワタリガラス〉は、川下の村の人々に嘘をつき、上流にもっと良い漁場があると言って、簗を壊すように仕向けた。そのため、上流の人々は魚を獲ることができた。今でも川下の村で魚が獲れない時期なのに川上の村で獲れることがあるのは、このおかげである。

事例二　〈ワタリガラス〉が〈クロテン〉の腕を治す[11]

昔、ある村では、川上の村の人々を招いて、ボール遊びがおこなわれた。川下の村が勝ち続けたので、川上の村に住む〈オオカミ〉や〈ハイイログマ〉は怒って、腹いせに相手選手の一人の腕をもいで、そのまま帰ってしまう。腕をもがれた者が苦しむのを見かねて、人々は犬を肥やして、〈ワタリガラス〉のために料理をつくる。当初、彼は渋っていたが、料理と引き換えに腕を奪還することに同意して、甥の〈オナガフクロウ〉とともにカヌーででかける。カヌー着き場で〈オナガフクロウ〉を待たせて、〈ワタリガラス〉は森の中を進む。彼は、途中でトウヒの枝を重ねたものの上に脱糞し、ツノガイ科の貝で飾りつけられた男物の服をつくる。それを身につけて、カッパー川流域に住むアートナ人の変装をする〔川上の村出身者の服装ではなく、遠隔地の出身であることを示している〕。同じことを繰り返して、女物の服をつくる。川上の村では、〈ワタリガラス〉はある女とともに住むことになり、彼女に先ほどつくった女物の服を与える。もがれた腕は女のすぐ近くにつるされていたが、隙がなく、なかなか盗みだせない。あるとき、人が出払ったすきに〈ワタリガラス〉は腕を盗み出し、〈オナガフクロウ〉とともに無事逃げ帰る。腕をもがれたのは〈クロテン〉であり、腕はもとに戻るが、ぎこちなくなってしまった。これがクロテンの足が一本だけ他の足と比べて前に出ていることの理由である。

事例三〈ワタリガラス〉と老女[12]

昔、〈ワタリガラス〉は呪術師であった。人々は彼のために「ネマージ」をつくって、彼にも狩りに来てくれるようにお願いした。人々を追って、〈ワタリガラス〉もボートを出した。その際、彼は（呪術を用いて）トウヒの樹液から弓矢をつくった。しばらく川を進むと、老女が反対側からやってくる。〈ワタリガラス〉は彼女に「どのような武器を持っているか」とたずねる。彼女は「ウル〔半月型の包丁〕を持っているだけだ」と答えた。彼は「それではいけない」と言って、弓矢とウルを取り換えるように提案する。二人は武器を交換して、そのまま進んでいった。〈ワタリガラス〉がふと振り返ると、老女は弓をひきしぼって、背後から彼を射ようとしている。彼は弓矢が樹液に戻るようにと念じると、矢は樹液にもどって川の中に落ちた。〈ワタリガラス〉はウルを投げて、老女を両断する。この事件が起きるまで、沼地にあって、鋭い葉を持つ水草は人を殺すくらいの有毒であった。しかし、今では毒はなくなった。

事例四　ワタリガラス[13]

大きな村があった。突然、太陽が消えてしまう事件が起き、世界は暗闇に包まれる。人々はある者に贈りものをして、太陽を取り返すように懇願するが、彼は取りあわない。しかし、犬二匹を屠ることを申し出ると、彼は承諾する。人々は脂肪を与えて肥やした犬を屠って、ゆで肉を彼に供した。彼は飛び立つと、しばらくして、光がある村を見つける。彼は村に着くと、トウヒの葉に変身して、水飲み場の中に沈む。水を飲んでいた女は、しまいにはそのトウヒの葉を飲み込んでしまう。女は妊娠し、赤子を産む。成長した子どもは歩き回って、母親の家にある物で遊ぶ。彼は家の南東の角に太陽があるのを見つけ、家の中心に持っていって遊び始めるが、母親に元に戻されてしまう。子どもが泣き出すと、おじが子どもの母親に太陽を渡すように言う。子どもは太陽を持って、外に出たあと、ワタリガラスの姿に戻り、村まで飛びかえった。太陽は元に戻り、人々はワタリガラスに感謝した。

犬屠畜モチーフが他地域からもたらされた可能性はあるか？

北太平洋を挟んでロシア極東とアラスカのワタリガラス神話の間に共通点が見られることは一〇〇年以上前から研究者が知るところとなっていた[14]。まず、犬屠畜の神話モチーフがロシア極東やシベリアに住んでいた人々によってアラスカに持ち込まれた可能性を検討してみる価値はあるだろう。

ロシア極東のニヴフや樺太アイヌの間では、カラスが犬の肉や内臓を好むというモチーフが散見される。樺太アイヌが語ったある説話の場合、カラス母子はカラスの嫁として娘を誘拐するが、主人公であるサヌイペシ村の三兄弟がその娘を奪う。カラス母子はその腹いせに太陽と月を隠して、世界を真っ暗闇にするが、主人公らは「カラスの親子は犬の肉が好きだ」と知っていたので肥えた犬肉を使ってカラス母子をおびきよせて射殺する。その結果、太陽と月は元どおりになる[15]。ニヴフの場合、カラスたちの家に住むことになった娘が夜這いをしようとしたカラスを拒否する、もしくは殺害する。後日、抗議に来たカラスの群れをなだめるために、武器や貴重品を賠償として支払うことが提案されるが、カラスらはそれを断り、かわりに犬の内臓を要求する[16]。アラスカとロシア極東の一部では、カラス類は犬肉を好むという神話上の共通設定があるようだ。

また、ニヴフの神話で興味深いのは、高価な物品を賠償として支払うことが犬肉を提供する前に提案されるが、カラスは犬肉以外には見向きもしないことである。同じく、アラスカのコユーコンが語るワタリガラス神話においても、人々は何者かによって奪われた太陽を取り返すために、呪術師である〈ワタリガラス〉の助力を願う。見返りに多くの物品を供与することが提案されるが、〈ワタリガラス〉はそれを拒否して、肥えた犬二頭分のゆで肉と引き換えに奪われた太陽を探しにいくことを承諾する（事例四）。両者とも、カラスの犬肉嗜好が財宝の拒否という形で強調されているのは注目に値する。

加えて、前述した樺太アイヌのカラス説話においては、カラスの犬肉嗜好モチーフと奪われた太陽モチーフとが登場した。コユーコンの場合も、カラス類が太陽を奪う側なのか、取り返す側なのかは逆転しているが、〈ワタリガラス〉の犬肉嗜好が物語の筋書きにおいて重要な意味を有している。カラスや猛禽類による日光解放のモチーフは、ロシア極東、アラスカ、カナダ北西海岸、南米にかけての地域に共通するものとしてよく知られているが[17]、今後、犬肉を供与するというモチーフがロシア極東やアラスカ以外の地域も含めて、どのような分布を示すかを調べていく必要がある。

だが、伝播論的な分析をする際に、内陸アラスカとロシア極東の先住民社会において、犬が持つ食材としての価値はかなり異なっていたことも考慮しなければならない。ロシア極東の一部では、内陸アラスカとは対照的に、犬は人間にとっても美味な食物とされていた[18]。ニヴフの場合、犬は人間の間で交換財や婚資、賠償のための科料としてやりとりされる、いわば「通貨」である。また、犬は共食の対象となる他、獲物の主に豊猟（漁）を願う際の生贄、さまざまな精霊に関する禁忌違反を犯した際の賠償として供儀された。樺太アイヌの場合にも、病気治癒のために犬が供儀・共食される際に、その犬はいったん、呪術師への謝礼として贈与された。呪術師の補助霊はその血を好むともいう[19]。

クレイノヴィチら民族学者の議論を踏まえたエヴヌーヌ・ロット＝ファルクによれば、シベリアやロシア極東の先住民の狩猟儀礼において、獲物の主に捧げられる供儀獣には、その精霊が所有していない獣が選ばれる[20]。そのため、人間が飼育しているトナカイや犬は、野生動物を管理する獲物の主に対して有効な捧げものとなり、トナカイ飼育が始まる前段階において、犬が最初の供儀獣であった可能性が高い。「多くの場合、祈願という、このことばそのものが大げさである。それは、しばしばきわめて短いきまり文句であり、《取れ、くれ》のようにまで切りつめられる。単純な物々交換だ」[21]。

内陸アラスカでも、獲物の主への供物や（人間の）呪術師に対する贈与を「物々交換」として描くことができる一方で、犬はそれらの存在が欲する交換財としては理解されていない。「はじめに」でも手短に触れたが、ディチナニクの人々は、「山の人々（dziłtohwt'ana）」と呼ばれる小人がアラスカ山脈の麓に住んでいると語る。その小人は、人間からタバコ、干魚、ポケットナイフといった贈りものをもらうと、引き換えにヘラジカ、カリブー、クマ、ドールシープなどの獲物を授けてくれる[22]。

また、呪術師（deninh）も、超自然的な力を使って獲物を授けてくれると考えられていた。逆にその機嫌を損ねると、猟師から猟運をとりあげたり、悪いときには呪殺したりすることもできた。そのため、人々は獲物が獲れたときには呪術師への贈りものをよくしていた。ディチナニクの古老たちは、彼らの父母が干魚などの供物を持って、呪術師の霊が眠る場所に赴いて豊猟や病気平癒を祈願したのを覚えている。

このように、内陸アラスカとロシア極東の先住民諸社会を比較すると、両者とも、神話におけるカラス類の犬肉嗜好が確認される上に、獲物の主に対する「物々交換」の考え方など共通点もあった。しかし、内陸アラスカでは、基本的に精霊に対する家畜の供儀をおこなうことはないし、犬肉に対する評価も非常に対照的である。伝播論的解釈をする上でのネックは、もし、〈ワタリガラス〉の犬肉嗜好モチーフがロシア極東の先住民社会由来だったと仮定したとき、なぜ、そのモチーフとともに犬の供儀や共食が受容されなかったのかという疑問が残ったままであることだ[23]。

〈ワタリガラス〉の犬肉食は、動物行動学で説明できるか？

伝播説を検討したあとには、独立発生説を検討する必要がある。ニヴフの語る神話とコユーコンやディチナニクが語る神話は、カラスが犬肉を好むという点で不思議な一致を見せていた。だが、これは人間集団の接触の結果ではなくて、カラスの食性を観察した神話製作者たちが偶然、別々に同じ結論にたどり着いたからなのではないのか。内陸アラスカの〈ワタリガラス〉は、犬の毛皮服に身を包み、犬肉と引き換えに頼みごとを聞いてくれる呪術師である。彼の犬への強い執着は、動物行動学の研究成果から理解することはできるのだろうか。

ダニエル・スターラーらは、この点で興味深い報告をしている。彼らはアメリカ合衆国ワイオミング州にあるイエローストーン国立公園内で、一九九七年から二〇〇〇年の冬季にかけてオオカミ、コヨーテ、エルクの活動を観察し、ワタリガラスがこれらの動物の近くにいるかを記録した。その結果、オオカミの近くでワタリガラスが観察されることは非常に頻繁であったのに対し、コヨーテやエルクのそばでワタリガラスが観察される頻度は有意に少なかった。とりわけ、オオカミが死体の近くにいる際には、観察されたすべての事例（四九回）でワタリガラスも同時に記録された。ワタリガラスがオオカミの殺した獲物を見つけるのが非常に巧みであるのは、餌が少なくなる冬季において、一部のワタリガラスがオオカミの活動に目を光らせて、一日中追跡しているからであると解釈された[24]。

オオカミがどのような活動をしているかによって、ワタリガラスの出現頻度も違ってくる。休息中よりも、移動中のオオカミのそばにいる割合が高く、獲物を追跡中であればさらにその割合は高くなる。

また、オオカミがノネズミを狩る際には、ワタリガラスがオオカミの周りを飛び跳ねていることがよくある。コヨーテは狩ったノネズミをすぐに消費する傾向があるのに対し、オオカミは狩った獲物で遊ぶことが多く、食べない場合もある。ワタリガラスは、ノネズミをくすねることができる確率が高いオオカミを選んでつきまとっている。[25]

ワタリガラスとオオカミは行動をともにする機会が多く、両者が相互交渉する頻度も高い。たとえば、オオカミの巣の近くでワタリガラスとオオカミの幼獣が追いかけっこをしたり、ワタリガラスがオオカミの尻尾を引っ張ったりすることも観察されている。通常であれば、餌を食べる際に警戒するワタリガラスであっても、オオカミが近くにいる際にはその警戒を緩めているように見えることから、オオカミとの馴染みがワタリガラスの恐怖反応を抑制させている可能性がある。[26]

動物行動学者が論じてきたワタリガラスとオオカミの交渉は、アラスカにおけるワタリガラスと犬の交渉と関連している可能性が高い。狩りに便乗しようとするワタリガラスが移動中のオオカミの群れを追いかける行動は、犬ぞり愛好家がよく知る、ワタリガラスが犬ぞりを追ってくる行動と相似的であるように思われる。[27]私が罠猟のパートナーであるフィルとともに一〇頭曳の犬ぞりに乗って、村から四〇キロメートルほど離れた小屋に向かうときに同様のことを経験した。私たちは、トウヒの森の中を通るトレイルを抜けて、凍結した細長い湖の上で小休止をとっていた。そのとき、一羽のワタリガラスが私たちを見ながら、背後から追い抜いていった。「ワタリガラスは犬ぞりを追いかけてくる」とフィルは述べた。その理由を聞いてみたところ、ワタリガラスは栄養満点の餌を食べる犬たちが放つ糞を食べるために追いかけているのだという。[28]

以上のように、ワタリガラスがオオカミや犬に対して深い関心を抱いていることは、動物行動学者の議論と犬ぞり愛好家の経験からも確認することができた。この点から、コユーコンの語る犬の毛皮服を着たワタリガラスの特徴は説明できるかもしれない。動物行動学者はワタリガラスがオオカミの前では新規なものに対する警戒を緩め、ときにはオオカミと「遊び」と思われるような活動に興じると論じていたが、ワタリガラスとオオカミや犬の間に特別なつながりが存在するというイメージから、〈ワタリガラス〉が好んで犬の毛皮服を着るという設定が生まれたと考えることもそこまで奇抜ではないだろう。だが、ワタリガラスがオオカミや犬を食べることはあるのだろうか。この点に関して、動物行動学者による詳しい報告は未見である。雑食性が強いワタリガラスであるから、オオカミや犬の死骸を見つけた際にそれを食うことは多いにありうる。だが、ものぐさな〈ワタリガラス〉にとって、ふたつ返事で厄介な頼みごとをひきうけるほどの魅力がある食べ物であるかどうかはよくわからない。ワタリガラスの認知や社会性と採餌行動の間には、まだまだ探究されるべき課題があるようだ。

なお、ディチナニクのある猟師は、ワタリガラスがオオカミの出現を知らせてくれたことがあったという。彼がライフルを持って川沿いの倒木を背にしながら、獲物が来ないか待ち伏せていると、ワタリガラスがやってきてけたたましく鳴いたあと、「荷包みを降ろした」。これは現地の慣用句で、ワタリガラスが飛びながら宙返りをすることを指し、獲物が近づいてきていることを知らせているのだと内陸アラスカ先住民は解釈する。実際にしばらくして、オオカミがやってきたので猟師はライフルのスコープでねらいを定めていたら、オオカミは彼の存在に気づき、対岸の茂みに帰っていった。

猟師の解釈が正しければ、ワタリガラスが猟師にオオカミを撃つことができるように事前にその到来を教えていたことになる。ディチナニクの猟師たちによれば、ワタリガラスを含む一部の鳥類が大型獣（ヘラジカ、ハイイログマ）の到来を告げてくれる。その語りの詳細を調べると、①鳥が突然、大量に飛び立ったり、警戒音のような形で鳴いていたりするのを人間が大型獣の活動の結果として解釈する（アビ、ツル）、②鳥の鳴き声の聞きなし（アメリカワシミミズク）、③アフリカのミツオシエのように、意図的に人間に獲物がいる場所を案内したり、示したりしようとする（ワタリガラス、オオモズ）の三パターンほどが確認できる。とくに③の場合、鳥の側に意図があったかどうかは検討の余地があるが、ワタリガラスの動物行動学的研究の権威であるハインリッチはワタリガラスとヒトの猟師の間にこのような相互行為がおこなわれる可能性を否定していない。[29]

〈ワタリガラス〉の犬肉嗜好モチーフは修辞戦略としてみなしうるか？

動物行動学の研究成果を参照すると、ワタリガラスとオオカミや犬との間に浅からぬつながりがあることがわかった一方で、なぜ犬肉料理が〈ワタリガラス〉に頼みごとをする上で鍵となるかは定かではない。生態学的な観察をそのまま神話に反映させるのであれば、〈犬〉や〈オオカミ〉が狩猟して、上等な肉を〈ワタリガラス〉に献上するという筋書きの方が自然である。この事例においては、神話を生態学的な観察にのみ還元するのは必ずしも得策ではないかもしれない。そこで、雑食性のワタリガラスの食べものの中から、とりわけ犬肉を選ばせる理由は別の事情もあるのだと考えることはできないだろうか。

図3－3　ネマージをつくるダニエルとドラ

〈ワタリガラス〉の助力が望まれるのは、食料供給に異常が生じたり、けが人が出たりした場合である。これらの状況は、人々に猟運を授け、病人を治療する呪術師の役割と重なる。事例一のように、接触前の生活において、人々が夏に魚を獲ることができない状況に置かれていたら、彼らは犬たちとともに飢餓の危機を迎える。そこで人々は、最後の最後の手段である犬の屠畜をおこない、それを〈ワタリガラス〉に供することで精いっぱいのご馳走をつくったということなのだろうか。

事例一では、〈ワタリガラス〉は犬の「ネマージ」を供されている。「ネマージ」とは、ゆでたホワイトフィッシュ、シーフィッシュの身をすりつぶしたあと、食用油と砂糖を入れて混ぜ、上にブルーベリーなどをのせたものを指す（図3－3）。儀礼食であり、ポトラッチなどの村落内での共食においてふるまわれるのが一般的である。以前は、サケの身、クマ、ヘラジカの脂肪も使われていたのだが、基本的に犬の脂肪を使うことはない。つまり、この事例の場合、〈ワタリガラス〉が犬を好むかどうかの問題なのではなく、食糧が欠乏しているなかで、最も一般的な材料である魚類が手に入らないから、家畜で儀礼食の材料を代替したと解釈する人もいるかもしれない。

しかし、事例二、事例四のように、野営地が飢餓状態にあることが想定できない場合にも、犬肉料理による饗応はおこなわれているのでこの解釈は説得力に欠ける。むしろ、私は、人間が食べるべきものではないものを好むという設定によって、動物人間が住む野営地における〈ワタリガラス〉の異質性を強調しようとしているのではないかと考える。人間が口にしたり、毛皮を利用したりするのを厭う犬を持ち出すことで、人間世界の常識や道徳を超えた存在としての〈ワタリガラス〉のトリックスター性を表現していると考えてみたい。

繰り返すが、内陸アラスカ先住民社会では、ひどい飢饉のときを除いて、基本的には犬は食べものとみなされていないし、伝統的には飼育動物を屠畜して食べる習慣がない。北方アサバスカン民族誌学では、当該社会において野生動物を家畜化せず、飼育動物は一般的に犬のみであるとされる。[30] しかも、〈ワタリガラス〉の犬肉食で表現されているのは、単純な食物禁忌の反転や逸脱ではない。コユーコンやディチナニクにとって、犬肉食は食人に限りなく近い。ネルソンが引きあいに出すあるコユーコンの語り手によれば、犬は大昔（＝神話的時代）、人語を話したという。しかし、それでは、人が犬に愛着を持ちすぎてしまうので、ワタリガラスは犬から発話能力を奪ったとされている。[31]

〈ワタリガラス〉の犬肉嗜好モチーフは、人間―犬―鳥の間の三者関係において、人間が犬に与える価値が〈ワタリガラス〉のそれとは異なるという見立てを利用していることが指摘できる。人間にとって、犬は村や野営地での生活をともにする一員であり、不潔で軽蔑される面と愛着の対象となる面とをあわせ持つが、ある種の準―人間としての位置にある。[32]そのため、〈ワタリガラス〉以外の動物人間たちは、犬を殺すことはあっても、みずから食うことはない。他方で、神話における〈ワタリガラス〉は、犬を上等な食物、もしくは毛皮の材料として見ている。そして、この両者の違いを増幅させるような形で、〈ワタリガラス〉が犬の発話能力を奪う筋書きは、犬が言語的存在であった過去を想像＝創造することで、コユーコンが抱く犬の屠畜に対する嫌悪をさらに先鋭化させたものとしてたち現れる。

犬をめぐる人と〈ワタリガラス〉の差異は、食の修辞学を考える必要性を呈示している。一六世紀、アマゾン低地部に住んでいたトゥピナンバの頭領クニャンベビが人肉を食していたとき、「理性を持たない動物でも自分と同種のものを食べはしないというのに、人が別の人を食うなどということがあってもよいのか」とドイツ人のハンス・スターデンから批判される。それを受けて、頭領は「俺はジャガーだ。これはうまいぞ」と言い返した。つまり、クニャンベビは、人語をもって、みずからの動物性（「ジャガー性」）を主張することで自身のふるまいに対するドイツ人の批判を当意即妙にかわしたのである。しかも、その返しは、「人肉で一杯の大きな籠」を目の前にしておこなわれた。[33]「ジャガー」化は、信念の次元ではなく、人肉をほおばりながら、行為遂行的な語り／騙《かた》りを通して実現されたのだ。

クニャンベビの事例を敷衍《ふえん》して考えるならば、神話の語り手は、人語を話す動物人間たちの語らいとふるまいを再演するなかで、人物としての〈ワタリガラス〉が持つ動物性（「ワタリガラス性」）を暗示していた。この点を論じるために、ジュール・ジェッテ神父が記録したコユーコンの神話（事例四）を改めてとりあげてみよう。そこでは、「ワタリガラス」という単語は、あとからつけられたと考えられる題名[34]を除くと、本文の後半、具体的に言えば、太陽を確保したあと、逃げ帰るときに子どもの姿からワタリガラスの姿に変わるときからしか登場しない。これがおそらく、伝統的な語り方だと思われる。コユーコン語やクスコクィム川上流域語では、動詞が三人称単数系をとるとき、その活用は人間／生物／無生物、男／女を区別しない。そのため、それ以前の段階では、〈ワタリガラス〉が行為主になっている文において、厳密には「ある者」(彼／彼女／それ)としか訳せない。

冒頭部で「毛布が敷かれた家」があるという設定が述べられたあと、

Kĕn sŭŭ́ mĕ̆ tōr rūlān ?[35]
What perhaps it under there is
(＝その下にあるのは一体何だろうか?)

という話者の呼びかけによって、聞き慣れた聴衆はワタリガラスが言及されている可能性に思いをめぐらす。なぜなら、ワタリガラスは(犬の)毛布を好み、それに身をくるんでいることが知られているからだ。さらに物語が進んで、犬を供する場面になる。

"Łekă̆ nŏ̆terke tsĕ̆ītĕ̆lōtrał, nŏ̆́rō̆," rayĕ̆łnī.
Dogs two we-shall-kill you-for they-say-to-him

（＝「あなたのために犬二匹を屠ろう」と彼らは言った。）

Arŭrŭyĕł rătalnōn: "Ă'ă" nī.
Then he-moved yes he-said
（＝すると、彼は身を起こし、「うん」と言った。）

この場面において、聴衆は物語がワタリガラスについてであることをほぼ確信する。動物行動学的観察によるのか、それとも、よく知られた神話上の設定であるからなのかはわからないが、人々は犬を食べるのは〈ワタリガラス〉だけだと知っているからだ。[36]

ジェッテ神父が記録した九篇の物語のうち、「人間」が徐々にその正体を現して、「動物人間」としてあらわれ、「動物」らしさを発揮していくという流れを持つものが散見される。〈ワタリガラス〉の犬肉嗜好モチーフとの関連から興味深いのは、動物人間は食性の違いを通して、物語の筋書きの中で「お里が知れる」ことだ。当初、ストーカー老人として登場した〈オオカモメ〉は、サケの粘液を好むことでその正体がわかる。見目麗しき若者である〈タカ〉は良い狩猟者であり、鹿肉をたくさん貯蔵してあるため、人間との婚姻関係を結ぶことができる。対岸に渡りたいと駄々をこねる女は、彼女の目的が対岸にあるトウヒであることがわかったとき、〈ヤマアラシ〉であることが明かされる。[37]

こうした神話的コード進行は、内陸アラスカで記録されたすべての神話に当てはまるものではないかもしれないが、どこか謎々を思わせるのではないだろうか。聴衆は、まだ素性が明らかではないが、どこか特徴的な登場人物の一挙手一投足に耳をそばだてて、最後のオチが来る前に正体を想像する。初発の問題意識に立ち返れば、犬の屠畜モチーフは、神話的世界における〈ワタリガラス〉と鳥としてのワタリガラスについて知っているコユーコンの聴衆にとって、「冬の夜長を嚙み切る」クイズ番組における大ヒントだったのだ。

多種の因縁を語る神話

本章では、内陸アラスカのワタリガラス神話に登場する犬肉食のモチーフを事例として、伝播論、動物行動学、修辞学の観点から検討した。〈ワタリガラス〉の犬肉嗜好モチーフは、彼の特異性を際立たせるための修辞技法として理解することができる一方で、旧大陸からの伝播の影響を受けている可能性や日常的な野鳥観察に基づいて生まれたものである可能性も残されている。そもそも三つの解釈は、必ずしも相互に排他的ではない。

本章の冒頭で神話を学習装置として捉えたが、ここまでの議論を踏まえて改めて考えてみるとどのようになるのであろうか。神話は北方樹林で生きものと遭遇した経験を踏まえてつくられた部分を含んでいるが、ただそれだけではない。さまざまな人間集団や呪術師といった超人的な存在との関係性もその中に含まれている。事例二を考えてみよう。事例二で表現されている生物学的知識としてはクロテンの足に関するものがあるが、人間集団に関する知識としては上流域と下流域の対立的関係、裕福な集団として知られた沿岸部のアートナの人々にまつわるものがある。重要なのは、神話が単に生態学や生物学の知識を伝えるメディアとしてあるだけでなく、人間と動植物の区別が曖昧なまま語られていることだ。神話は多種の絡まりあい、いわば因縁のようなものを体現している。そして、クライマックスに近づくにつれて、不思議な行動を示していた「人間」は「動物人間」としての姿を現す。

私は神話の対訳を読みながら、思わず微笑んでしまったことが何度もある。正体不明のまま、その所行が語られる動物人間たちは、森の中で出会ってきた何らかの動物を意味している一方で、村にいる誰かを思わせる。たとえば、おいの〈ミンク〉をクマ猟に向かわせる〈ワタリガラス〉は、私の「おじ」のダニエルを彷彿とさせた。彼は、「ばあさんのためにベリーを摘んで来い」と言って、私をひとりで秘密のベリー摘みスポットに向かわせておいて、自分は膝が痛いからと休んでいた。そのくせに私が一日かけて摘んだ「ジィジャ」や「ニコッキ」を、テレビを見ながら平らげていたのだ！　私は思わず、〈ミンク〉に同情してしまった。

神話は二重の意味で聞き手の共感を呼ぶ。神話は、ヒト世間のしがらみと森の中での厄介な種＝横断的付きあいとを踏まえて練られた物語である。ジェッテ神父がコユーコンの語り手たちの言葉に耳を澄ませていた時代の神話は、私たちとは異なる身体を生きる動物の登場人物たちを緩やかに擬人化して聴衆の感情移入を図った上で、その中にさまざまな動物的身体の〈あらわれ〉をちりばめ、聴衆に他なる身体のイメージを――村の人間群像と狩猟経験をないまぜにしながら――想起させる装置だったのだと考えられる。

第4章　犬に話しかけてはいけない
——禁忌から考える人間と動物の距離

ある禁忌の語りから

ある夏の夕方、九〇歳を過ぎてもなおバギーを乗り回すことで有名なディチナニクの古老ボブ・イーサイ・シニアは、小屋の階段に腰掛けながら、年老いた愛犬二匹の毛をブラシで梳《す》いていた（図4－1）。私はその傍らに座り、ボブに聞き取りをしていた。と言っても、彼はほとんど耳が聞こえないので筆談である。その日、私は神話や禁忌、お守りの習慣などについて聞いていたのだが、そろそろ聞きたいことも尽きてきた。私は彼の愛犬に目をやり、「そうだ、犬のことを聞こう」と思いついた。「犬についての物語を知っていますか」、私がそう書いたノートの切れ端を見せると、ボブはうなずいた。彼は次のように語った。

図4－1　ボブ・イーサイ・シニア

昔は犬に話しかけることはなかった。こんな話を聞いたことがある。ある人が犬に話しかけた。すると、犬はそのままものすごい勢いで荒野に走り出して行った。そのままどこかに行ってしまっていたのだが、その犬はしばらくして戻ってきた。犬はそこに住む人々に告げた。「ここはあたり一面、野原になるだろう」。その後、病がはやり、多くの人々が死んだ。村は放棄されてしまった。だから、犬に話しかけるのは良くないことだと言われていたのだよ。

ボブによれば、「犬に話しかけること」はディチナニクの言葉で「フッァニ（hwtsane）」と呼ばれる禁忌の一つであり、それを破ることは病で人々が多く亡くなるような異常事態を引き起こすと以前は考えられていたのだ。しかし、今や内陸アラスカの村人たちの中には、ヨーロッパ系アメリカ人のように愛玩犬（アンカレッジなどの都市部にあるシェルターから引き取ってくるらしい）を飼い、溺愛する者も少なからずいる。フィルの家族は、二〇頭強のそり犬の他、愛玩用にチワワを飼っている。もし犬が毎回人間の言葉に反応して、恐ろしい予言を繰り出してきたら、今頃アラスカ全土は無人となっているだろう。私はこの話を聞いて、現在の状況との大きな違いに驚いた覚えがある。

「犬に話しかけてはいけない」という禁忌は、近隣に住むコユーコンの人々の間でも記録されている。前章で述べたように、コユーコンの神話によれば、犬は太古の時代には人間の言葉を話した。世界の創造主であるワタリガラスは、人間が犬に愛着を持ちすぎるのを嫌って、犬の言語能力を奪ってしまった。ネルソンに右の神話を語ったコユーコンの古老によれば、彼らも以前は犬に話しかけるのを禁忌としていた。犬にそりを引かせる際も、現在のように先導犬が後ろにいる人間の指示を聞いて動くのではなく、人間が先頭に立って歩いていた。[1]詳しくは後述するが、内陸アラスカでは、犬ぞりの使用は二〇世紀初頭のゴールドラッシュの時期に一般的になったと言われている。本章では、「犬に話しかけてはいけない」という禁忌を出発点として、内陸アラスカ先住民社会における人間―犬関係とその変化を読み解いていく。

運搬・護衛・狩猟

ディチナニクの人々は、ロシア人やヨーロッパ系アメリカ人との接触以前から犬を飼育していた。彼らの犬が入植者との接触以前にどのような特徴を持っていたのかについては不明な点が多いが、ヘアー・インディアンの人々が飼育したヘアー・インディアン・ドッグに関する記述が参考となる。ヘアー・インディアンはディチナニクと同じく北方アサバスカ諸語に属する集団であり、ヘアー・インディアン・ドッグもしくはそれに近い系統の犬が、北方アサバスカンの集団の間で飼育されていたと考えられる。[2] ヘアー・インディアン・ドッグは「キツネと間違えられることが多かった」ようで、「大きさはキツネと大差なく、鼻口部は細く、立ち耳で、尾はふさふさして」いるとされた（図4－2）。鳴き声は通常の「犬よりはコヨーテの声に似て、朗々とした遠吠えを響かせたが、吠え声は小さかった」。[3]

ディチナニクの人々は、一九世紀にロシア人がやってくるまで犬ぞりを使用していなかったと言われている。入植者との接触以前には一家族に二～三匹の犬が放し飼いされ、おもな役割は運搬と狩猟の補助であったが、[4] この中に番犬という役割も入れておいた方がよいだろう。

図4－2　ヘアー・インディアン・ドッグ

アラスカやカナダと言えば、犬ぞりが有名であるが、カナダ北部に住むイヌイットの間では犬ぞりが伝統的に用いられてきたものの、アラスカとカナダ西部の内陸部を中心として分布する北方アサバスカンの集団の間では、犬ぞりがもともと盛んに使用されていたわけではないという見方が有力である。[5]

それでは、ディチナニクの人々の間で犬が運搬犬・猟犬・番犬としての役割を実際どのように果たしているか見ていこう。第2章ですでに述べたように、私は春の水鳥猟シーズンにフィル、スティーブンおよびフィルの飼い犬グル（アラスカンハスキー）[6] とともに猟場に出かけた（図4－3）。そのとき、フ

図4－3　水鳥猟に向かう（中央が筆者）

ィルは市販の犬用カバンをグルの背中にくくりつけていた。[7] 森の中の小川に面した野営地では、倒したトウヒの木に迷彩柄のネットをかけて、ブラインドとしている。私たちはそこで一日中、水鳥が小川に降り立つのを待っていた。この水鳥猟において、グルはキャンプ道具を運ぶ運搬犬としての役割と危険な動物の接近を知らせる番犬としての役割を期待されていた。

　聞き取りをしていると、昔の猟師たちがヘラジカやカリブーを狩るときに犬を利用していたという話を耳にする。くくり罠がつけられた柵にカリブーを追い込んで捕獲する集団猟および弓矢や旧式のライフルを使っていた時代であれば、獲物を追いこんだり、獲物の動きを止めたりする上で猟犬が役に立った可能性が高い。しかし、スコープ付きの高性能なライフルを狩猟具とする現在のヘラジカ猟では、猟犬の役割は必ずしも大きいわけではない。ディチナニクの猟師の中にはヘラジカ猟に犬を連れていき、犬がヘラジカの臭いに反応するのを観察して、ヘラジカの居場所をつきとめようとする者もいるが、猟犬の嗅覚がなければ狩猟が成立しないわけではない。ヘラジカの足跡や食痕、糞も重要な手がかりとなり、犬を連れずに狩猟に出かける場合もある。

現在のヘラジカ猟では、待ち伏せ猟もしくはボートの移動時におこなう流し猟が選択されている。[8] 発砲する場所も湿地、沼、湖などの開けたところである場合が多く、犬を使って獲物の動きを止めるよりも、気づかれないうちに遠くから撃つ方が有効である。場合によっては、犬がリスやヤマアラシの臭いに過剰反応してしまったり、ヘラジカを見つけたときに興奮して鳴き声を上げてしまったりするため、狩猟の邪魔になるケースもある。現在のヘラジカ猟のやり方では、犬は獲物の探索と捕獲に関して必要不可欠なものではない。しかし、獲物を探索する際には犬を同伴させない者でも、狩猟キャンプがある野営地までは犬を連れていく場合が多いのは、就寝中にクマに襲われることを防ぐための番犬として重要な役割を果たすからである。この場合、犬は狩猟キャンプにつながれたまま、古老、女性、乳幼児とともに狩猟者の帰りを待つことになる。

他方で、クマ猟における獲物の探索に大きな力を発揮する犬もいる。フィルの祖父フィリップ・イーサイは、ニコライ村で初めてスポーツ狩猟者向けのガイド業を始めた人であったが、彼の飼い犬ラスティは獲物を見つける能力に優れていることで知られていた。フィルによれば、彼らがハイイログマを狙う狩猟者のガイドをしているとき、ガイド小屋に向かって一頭のハイイログマが一直線にやってくるのが見えた。顧客の狩猟者が発砲してクマに命中させたが、そのクマは絶命せずに森の中に逃げて行った。

フィルとアンドリューがラスティを放つと、ラスティはクマの血の跡を追って行った。アンドリューが追いつくと、ラスティが吠えているが、一瞬何もいないように見えた。しかし、ラスティの近くにあるコケの塊のように見えたものは、うずくまる手負いのクマであった。それに気づいたアンドリューはクマを射殺した。

一九六〇年代にニコライ村に滞在した人類学者のエドワード・ホスリーによれば、ディチナニクの人々は、かつて犬を使ってクマが冬眠する巣穴を探していた。クマが見つかると、犬をけしかけたり、長い棒でつついたりしてクマを目覚めさせる。猟師は槍を構えて、襲いかかってくるクマがみずからの体重で貫かれるようにして、クマを仕留めたと言われている。[9] このような狩猟方法は、ディチナニク人および一部の他の北方アサバスカン社会でも知られている。

ディチナニクの猟師が、ヘラジカ猟に役立つ犬を養成する上で欠かさずおこなうことがある。それは、仕留めたヘラジカの血だまりに犬を投げ込むことである。こうすることで、犬がヘラジカの血の臭いを覚えるのだとされる。また、やや呪術的な意味合いが濃いことであるが、バルサムポプラとヤナギの若芽を縫い込んだ首輪を仔犬の時期につけさせる習慣がある。こうすることでヘラジカ猟のときに役立つ犬になると言われている。人間の子どもの場合、さまざまな動物の部位を身につけることでその動物が持つ好ましい性質を受け継ぐことができると考えられている（詳しくは第7章を参照）が、ヘラジカが好む植物を身につけることはヘラジカとの相性がよい猟犬を育成するまじないであると解釈することができる。

犬ぞりの受容と二〇世紀初頭の変化

内陸アラスカにおける人と犬の関係に大きな変化が起きたのは、二〇世紀初頭のゴールドラッシュの時期である。この時期、内陸アラスカにやってきた白人たちは、さまざまな物を先住民社会にもたらした。やってきた白人のうち、全員が金を掘り当てることに成功したわけではなかったが、彼らがもたらした「三種の神器」は内陸アラスカを毛皮交易により深く組み込む結果となった。捕魚車、犬ぞり、鉄製罠のことである。

これら「三種の神器」は、有機的な形で結びついている。北方アサバスカンの人々の間では、入植者との接触が本格化するまで犬の多頭飼育がおこなわれていなかった[10]。先ほど現代の事例で紹介したように、犬ぞり以外の用途に用いる場合、犬を多数飼う必要はない。犬を多く飼うには食料を効率よく大量に獲得する必要がある。捕魚車が導入されることで、もともとつくられていた植物性の魚網に比べて、犬の餌となるサケを格段に効率よく捕獲することができるようになった。一九九〇年代の試算によれば、アラスカの犬ぞり愛好家は一年間に犬一頭あたり一〇〇匹から一五〇匹のサケを確保する必要があるとされている[11]。フィルの家族は二〇頭以上のアラスカンハスキーを飼育しているから、上記の数字を用いれば彼らの飼い犬を養うためには年間二〇〇〇〜三〇〇〇匹のサケが必要という計算になる[12]。内陸アラスカで犬ぞりを維持するためには効率が良い漁撈技術が必要となることがわかる。

しかし、そもそも犬ぞりが必要になったのはなぜだろうか。夏の間には、水上の移動が主になるため、犬ぞりは役に立たない。犬ぞりを使っていなかった時代には、冬季の移動手段は徒歩であった。冬は祭宴の時期であり、人々が集落間を移動したが、徒歩でも特段の支障はなかった。むしろ、夏の間には湿地や沼があり歩きづらいが、冬季にはそれらの場所が凍結するため、かんじきさえあれば徒歩での行動がしやすくなる。このように、白人との接触以前および早期の生活において犬ぞりは有利な移動手段とは言えないのである。

ロシア人やヨーロッパ系アメリカ人のやり方にならって犬ぞりが導入されたのは、毛皮交易の影響である。白人が持ちこむ鉄製製品やビーズは先住民社会で高く評価されたが、それらを得るためには現金が必要となる。しかし、現金を獲得するには、商品を生産して売らなければならない。北方の多くの地域において、毛皮が有力な商品であった。その毛皮の品質が最も良くなるのが冬であったため、極寒の冬に長距離を迅速に移動することができる犬ぞりが用いられるようになったというわけだ。

これら「三種の神器」は毛皮交易への適応手段として総体的に見る必要がある。内陸アラスカの毛皮交易は、自然経済と商品経済が混じった混合経済体制[13]をもたらした。その結果として、冬季の毛皮獣を自家消費する量を超えて捕獲する必要が生じた。それは同時に新しい移動手段とその移動手段を維持するための食料獲得手段も必要とした。犬ぞりと捕魚車によって冬季の長期罠猟が可能となり、獲得した毛皮と引き換えに鉄製罠やライフルを購入し、さらに毛皮交易に依存するようになるという状況が垣間見える。

ディチナニクの人々の間で犬ぞりが本格的に利用されるようになったゴールドラッシュの時期には大きな変化が相次いで生じた。その一つが伝染病の影響である。ロシア人との交渉が始まった一八三〇年代頃から疫病の流行は起きていたようだが、ゴールドラッシュの時期にはアメリカ人が持ちこんだ伝染

図4－4　設置されるのを待つ捕魚車

病により壊滅的な被害が生じた。そのときの見積もりによれば、人口の半分から四分の三が死亡したと言われている。[14] この出来事は、ロシア人やヨーロッパ系アメリカ人との接触がただ単に異なる人間集団間の遭遇にとどまらず、彼らの身体に潜んでいた細菌やウイルスなど人間以上の存在との接触をともなっていたことを意味しており、その邂逅の影響は甚大なものであった。疫病を生き残った人々が集まり、現在のニコライ村の輪郭が整い始める。その際、在来の技術では利用しづらかった川の本流部への適応策として、ヨーロッパ系アメリカ人由来の捕魚車が用いられるようになった。

　捕魚車は水車のような仕組みを持つ設置型の漁具である（図4－4）。川の流れを動力源として、かごが回り、かごがすくいあげた魚はそのまま回収用の箱の中に落ちる。この技術が利用可能なのは、解氷期（五～九月）のみであり、シルトで濁った川の本流部で力を発揮する。川の支流部では、水が透明なところもあり、そのような場所では魚が仕組みを見ることができるため有効ではない。捕魚車は村人自身の手でつくられて、村の付近および夏の漁撈キャンプで利用されていた。

　捕魚車によっておもに捕獲されていたのは、シロザケである。クスコクィム川上流域にはマスノスケ、シロザケ、ギンザケといった三種のサケ類が遡上する。マスノスケは人間の食物として重宝されており、六月のマスノスケ遡上期には、人々は水が透明な川の支流部に行く。他方で、シロザケ（およびギンザケ）は犬の餌とみなされており、七～九月の遡上期には水が濁った川の本流部で大量に捕獲される。二〇世紀前半の時期、人々は夏の漁撈キャンプに移動し、人間と犬が越冬するために必要な食料を集めていた。

このような適応を経て初めて、犬ぞりが内陸アラスカにおいても利用可能となったのである。一一月から三月が毛皮獣を対象とした罠猟のシーズンである。二〇世紀前半には、男二人がパートナーとなり、猟場に近い小屋に泊まり込んでアメリカテン、ビーバー、クズリ、オオカミなどの罠猟をおこなっていた。交易所で購入された、さまざまな大きさのトラバサミとくくり罠が用いられていた。人々はトラップライン（森を切り開いてつくった道）に罠を仕掛け、それを犬ぞりに乗って見回り、かかった獲物を回収した。毛皮がたまると、村に戻り交易所で換金して、ライフル、やかん、斧、トラバサミといった鉄製品やその他の生活用品、酒などを入手していた。

このような周期が確立されることによって、不可逆的な変化がもたらされた。それは、高地から低地へと生活の拠点がシフトしたことである。ゴールドラッシュ以前まで、ディチナニクの人々は川の支流部にあたる高地で過ごす時間が多く、カリブー猟と漁撈を組みあわせて生活を送っていたと言われている。[15] しかし、右記の社会・経済的変化にともない、川の本流部にあたる低地で過ごす時間が徐々に多くなってきた。決定的であったのは、二〇世紀前半にはカリブーの個体数の大規模な減少が生じたことだ。連発ライフルを購入した人々によってカリブーの乱獲がなされたことがカリブー減少の原因として指摘されているが、森林火災の影響など他の事象とも関わりながら生じた出来事と考えるべきだろう。何にせよ、この動きによって、高地をディチナニクの人々の生活拠点とすることが困難となった。一九世紀後半から低地での生活を好むヘラジカが内陸アラスカにやってくるようになったこともあり、人々は低地に生活拠点を移して、ヘラジカ猟、捕魚車と刺し網による漁撈、毛皮獣を対象とした罠猟をおこなうようになった[16]。

これまでの議論からわかるように、内陸アラスカ先住民社会において、犬ぞりは二〇世紀初頭に生まれた新しい生活様式のための新しい技術であることだ。この新しい生活では、「白人」との交渉から逃れることはできない。犬ぞりを持つメリットは、毛皮を買い取る代わりに物資を供給する交易商がいること、つまり、商品経済への部分的な組み込みが前提となっているからだ。犬ぞりが結果的にもたらしたもう一つのものは、通信ネットワークへの組み込みである。

飛行機による郵便輸送が一般的になるまでの間、アラスカの郵便輸送は、犬ぞり(および部分的に馬ぞり)によっておこなわれていた[17]。現在、アイディタロッド・トレイルとして長距離犬ぞりレースのコースとなっているものは、当時、アラスカ南部の港町アンカレッジから、アラスカ山脈を越えて、内陸の金鉱山がある地域を通過し、アラスカ北西部のノームまでを結ぶ郵便・物資輸送ルートであった。ディチナニクの集落であるニコライ村やテライダ村も、数多くあった郵便輸送ルートの中継地点でもあった。とりわけ、テライダ村のカール・セスーイ、ニコライ村のミスカ・ディアフォンは、犬ぞり郵便の担い手としても知られていた[18]。

犬ぞりは一九三〇年代以降、郵便輸送手段としての役割を終えてからも、毛皮交易の最盛期のアラスカにおいて生活に欠かせない交通手段であった。しかし、一九六〇年代後半には再び大きな変化が生じる。それは、毛皮の国際的な価格下落とスノーモービルの登場である。毛皮価格は、第二次世界大戦前後に軍服への利用の需要があったため高かったが、次第に下落していった。同時に、スノーモービルが導入されることで犬ぞりを所有しなくても冬季の移動手段が確保されるようになった。

生活手段としての犬ぞりは一九七〇〜八〇年代にかけて徐々に衰退していくが、同時に「アラスカの伝統」として再発見されていく。たとえば、先に紹介したアイディタロッド国際犬ぞりレースは、そのような犬ぞりの「再発見」の好例である。ニコライ村や近隣のマグラス村はこのレースの通過点ということもあって、犬ぞり選手たちの到来は冬の風物詩でもある。また、選手のためのアルバイトや観光客へのお土産販売を通じて、仕事が少ない時期に小遣いを稼ぐ機会でもあるし、実際には大会のボランティアをする者も多い。フィリップは、アイディタロッド大会の初回から、熱心な現地ボランティアとして参加していた。彼は二〇一四年に死去したが、長年の現地ボランティアとしての功績が認められて、翌年の大会において「名誉犬ぞり選手」としての称号を与えられた。

犬ぞりの現在

前節の記述から想像されるように、現在の内陸アラスカにおける犬ぞりの利用は、娯楽を主眼としている。もちろん、少女時代に犬ぞりを熱心にやっていたシャーリー・ペトロスカのように、一九八〇年代に犬ぞりの練習を兼ねて、父親が管理するトラップラインを見て回り、アメリカテンなどの毛皮獣を回収することはあったようだ。しかし、この時期の犬ぞりは、近隣で定期的に開かれていた犬ぞりレースのために保持されており、日常生活での移動手段は次第にスノーモービルに交替していった。

現在、ニコライ村で多数のそり犬を飼育し、定期的に犬ぞりを利用しているのは、フィルの家族のみである。以下では、フィルやアンドリューのやり方をもとにして犬ぞりの技法を紹介するが、基本的な操作技術に関して他の村人もかつて同様のやり方をしていたことは聞き取りで確認している。なお、私自身もフィルとともに罠猟に出かける際に犬ぞりを利用していたのでそのときの経験も含めて記述する。

犬ぞりには、通常、四～一〇頭のそり犬を用いる。犬の編成法としては、一般的には並列式（扇状式）と縦列式が知られている（図4－5）[19]が、内陸アラスカでは、縦列式が利用可能である（図4－6）。犬ぞりで通るのは、大概、トウヒの森の中を切り開いてつくったトレイルであり、並列式でつないだ場合、犬がトレイルからはみ出てしまったり、引き綱が木に絡まって衝突事故を引き起こしたりしてしまう。現在は、いわゆる「対称複縦列式」[20]が最もよく用いられている。先頭は、先導犬（リーダー）であり、この個体が御者の指示を聞くことでそりの進む方向を左右する。鞭が用いられることはない。体格よりも御者の指示を聞く賢さが求められるポジションであり、メスの方が適しているとも言われる。その後ろにいるのが「スウィングドッグ」であり、先導犬を補助する重要なポジションである。最もそりから近い位置にいる二頭の犬は、「ウィールドッグ」と呼ばれ、そりの負荷がかかるポジションであるので、体格がよい犬が選ばれる。残りの犬は、「チームドッグ」と呼ばれる。

それぞれの犬は、ハーネスと呼ばれるナイロン製の器具を身につけ、それを通してそりの引き綱と結びつけられる。そり犬は、ハーネスを身につけるのはそりを引くときだと知っているので興奮している。

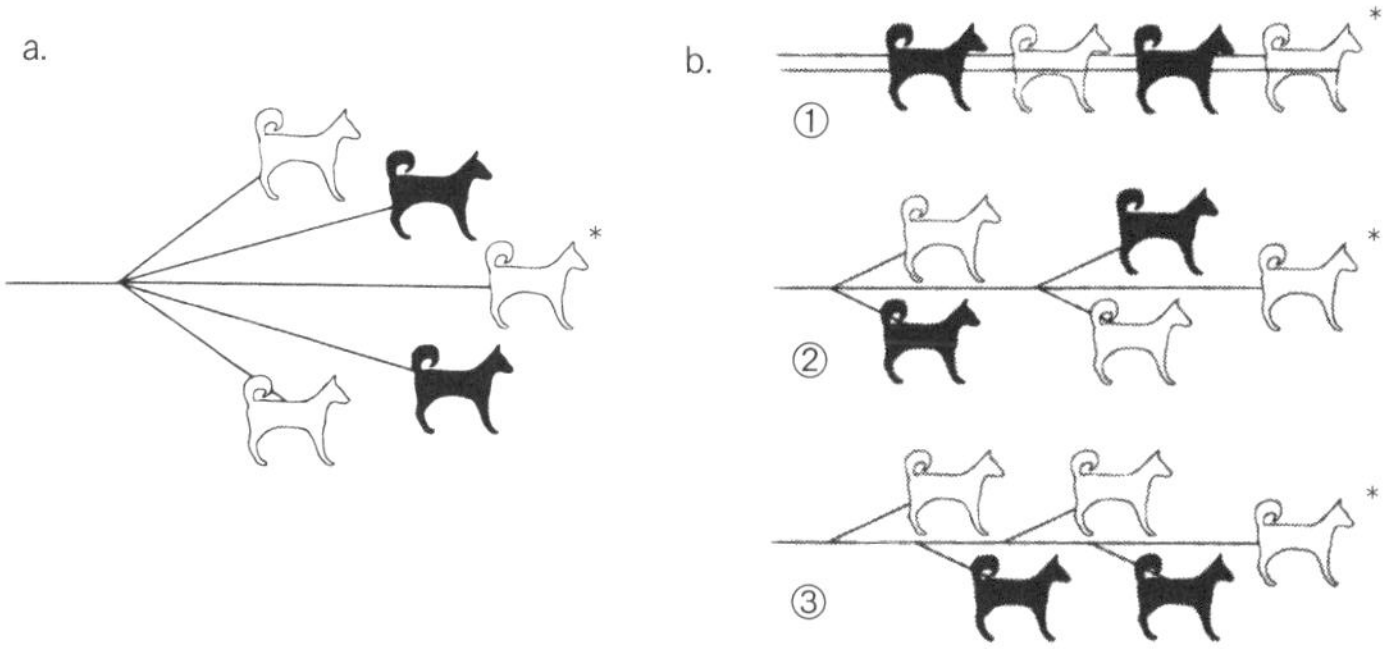

図4－5　犬ぞりの編成方法：a. 並列式（扇状式）
b. 縦列式：①単縦列式、②対称複縦列式、③交互複縦列式
*先導犬（リーダー）　（中田1998：109より）

図4－6　犬ぞりの様子

図4－7　野営地でのそり犬への給餌

立ち上がると人間の腰ほどまであるそり犬がじゃれて来るのをうまくさばきながら、首輪と絡まないようにハーネスを装着させるのにはコツがいる。ジョンは「Tシャツを着せるように」と言っていたが、ハーネスを折り畳んでそり犬の頭にすっぽりとかぶせたあと、前足をくぐらせてハーネスを装着させるのが効率的である。賢い犬は、このとき前足をみずからもち上げてくれるので、そこが犬の賢さの見分けどころでもある。

その後、ハーネスを装着したそり犬を一匹ずつそりの前に移動させ、首の部分と背中の部分で引き綱と連結させるが、この間も落ち着きのない犬は動き回るのでそりを木の幹などに固定しておく必要がある。すべての準備が整ったら、固定用のヒモをほどき（大体この頃には犬は遠吠えをあげたり、ジャンプしたりしてスタートはまだかとうずうずしている）、御者がかけ声とともにそりを押すと犬たちは一斉に走り出す。御者は助走をしたあと、ランナーに足を置き、手元にあるバーを握りしめる。バーを放すと、そのまま犬に置いて行かれるので、厳冬の森を数十キロ歩きたくない人は決して手を放してはいけない。以降、御者はランナーの上で体重移動して、そりの進行を助けたり、先導犬にかけ声で指示を出したりする。

御者が用いるかけ声は以下の通りである。右に行くときには「ジー」、左に行くときには「ハー」と言う。先導犬が正しく動いた場合には、すかさず「グッドドッグ」と言ってほめる。雪が深くてトレイルが見えない場合など、先導犬がトレイルを認識してくれないときには指示を出しても曲がってくれないし、トレイルの途中でUターンするのはなかなか難しい。そりの荷かごに補助者が乗っている場合、かごから降りて犬の注意を引いて、Uターンを補佐することもある。途中、速度を上げたいときには、「レッツゴー、レッツゴー」と言う。止まるときには、ランナーの間にあるブレーキを踏みながら「ウォー」と叫ぶと、ブレーキの刃が氷をひっかいて減速するとともに先導犬が止まる。再スタートするときには、「ハイク、ハイク」と言いながらそりを押すと、犬たちは走り始める。なお、このコマンドはスピードを上げたいときにも用いる。

日常的な世話は、餌やりと犬舎の清掃がある。餌はシロザケ、ホワイトフィッシュ、キタカワカマスなどの魚、ヘラジカやハイイログマのくず肉、市販のドッグフード、残飯を混ぜてつくったスープである。このスープをつくるためには薪としてトウヒやシラカバが必要となるので、犬ぞり愛好家は一年中、食料と燃料の確保に忙しい。犬舎には寝床としてわらが敷かれており、これを定期的に取り替える必要がある。糞の掃除も犬が二〇頭いると一仕事である。厳冬期には、そり犬にヘラジカの脂肪を与えて、寒さをしのげるようにすることもある。

犬―人間のハビトゥス

ここまで、内陸アラスカでの犬―人間の関係性について、運搬・護衛・狩猟といった側面や、二〇世紀初頭以降に本格化した犬ぞりの利用とその歴史を中心として概観してきた。それでは、冒頭で紹介した「犬に話しかけてはいけない」という禁忌をどのように考えればよいのだろうか。

まず考慮に入れなければいけないのが犬ぞりの導入後に犬―人関係に大きな変化が生じたであろうことだ。ヘアー・インディアン社会を調査した原ひろ子によれば、ヘアーの人々は一九世紀中盤以降、毛皮交易に参入していくなかで犬ぞりを用いるようになった。原が調査をおこなった一九六〇年代のヘアーの人々は、良いそり犬を育てるために苦心し、子どもが仔犬の飼い主となって育てることもあった。ヘアー社会での飼い主と犬の関係性は「べったり」とした「心理的依存」とも呼べるもので、ヘアー社会における人間同士の過度に干渉しあわない関係性とは対照的であるという。しかし、原はこのような「犬と人との密接な依存関係」が確認できるのはあくまでも犬ぞりが導入された一九世紀中盤以降であり、それ以前から同様の関係性があったことを示す証拠を見つけられていないと慎重な姿勢を取っている。[21]

本章では、「犬に話しかけてはいけない」という禁忌がディチナニクと近隣のコユーコンの人々の間で語られていたことに言及したが、私はこの禁忌が犬ぞり導入以前の犬―人関係に基づくものであると考えている。犬と人間の距離が近くなりすぎることを戒める考え方は、同じく北方アサバスカンに属するカスカの人々の間でも語られている。カスカの古老によれば、犬は人間の姿を取ることができ、人間と結婚しようとやってくることがあるのだという。そのためカスカの伝統的な考え方では独身の女性が犬と仲良くなりすぎるのは危険なことであるとされていた[22]。

ただし、「犬に話しかけてはいけない」という禁忌において、音声的コミュニケーションがまったく禁止されていたというよりも、ある特定のやり方が問題視されたのではないかと私は考えている。というのも、犬ぞり以外の利用法の場合でも犬とまったくの音声的コミュニケーションをおこなわないとは考えづらいからだ。犬ぞり導入以前の時代には、愛玩犬を飼う一部の人のように、人間が犬に対して子どもをあやすように人間の言葉で話しかけるのは不適切なふるまいとされたのであっただろうが、犬を前につないでかけ声をかけるのも「犬に話しかける」こととみなされたのかもしれない。実際に、ネルソンが引きあいに出すコユーコンの古老も、「犬に話しかけてはいけない」禁忌と先導犬のかわりに人間が先導するやり方を結びつけていた[23]。

「犬に話しかけてはいけない」という禁忌は、犬ぞりの導入によってとりわけ強く意識されるようになったのではないかと推測される。ディチナニクやコユーコンが先導犬を訓練するための方法を知らなかった（必要としていなかった）という事情も考える必要があるが、「白人」が「犬に話しかけて」そりを引かせているのは、犬は人間のあとから荷物を背負ってついていくべきもの（運搬犬）だと考えていたはずの彼らにとって大きな驚きであったと考えるのは自然なことである。

そもそもアラスカ先住民社会では、動物でありながら人間と生活圏をともにする犬は、霊的にアンビバレントな位置に置かれていた。ネルソンによれば、コユーコンの人々は、人が死ぬ前には犬が変な声で鳴くようになると考えていた。また、犬が夢の中で遠吠えを上げるのは人が病になる前兆であるともされている。[24] 北方アサバスカンとは異なる語族に属するが、ディチナニクの近隣に居住するユピック社会では、犬が人間のように互いに意思疎通する奇妙な行動をとる際には疫病が起こるとされていた。さらには、犬が人間の子どものような鳴き方をするときには、その村に死が近づいている証拠とされたが、その犬を殺すことで災厄を回避することができると考えられていた。[25] このような事例からわかるのは、病や死を予言するという性質がこれらの社会における犬に対するアンビバレントな位置づけを反映している可能性だ。

すべての存在はもともと人間であったと考える北方アサバスカンの人々にとって、あえて人間とそれ以外の存在の境界を挑発するような「白人」のやり方は霊的な危険をもたらすと考えられていた。「はじめに」で紹介したように、フィリップにとって、アポロ計画はみずからの罪を恥じて天上に上がった月をあえて刺激しようとする野蛮な所業であった。この論理を敷衍すれば、人間のあとをついて行くべき犬に先頭を行かせ、しかも、犬と人間を取り違えたかのごとく「犬に話しかける」ことは、そもそも霊的にアンビバレントで危険な動物に対する扱い方として配慮に欠けたものに映ったと解釈できる。

ディチナニクやコユーコンのような北方狩猟民にとって、人と動物の境界はあまりにも薄いものであるからこそ、禁忌を守ることによってその境界を再生産しなければならなかった。これは、人類学者のマテイ・カンデアが言う「相互―忍耐」の状況、つまり、互いに「無為を積極的に生みだすこと」である。[26] 犬に話しかけなければ、犬の言葉を耳にする機会も最小限に抑えることができる。本章の文脈では、禁忌は、あまりに似ているがゆえに分離されねばならない者たちの境界を不断の実践を通して保つ装置である。

この観点から神話と禁忌の関係について改めて考えてみよう。カナダ先住民チペワイアン社会を調査した煎本孝によれば、北方狩猟民社会の神話は、動物と人間の間で「二元性」と「同一性」が併存していることを示している。煎本はそのことを「初原的同一性」と呼んだ[27]。神話では「動物と人間とは共通のことばを話していたということと同時に、今日ではもはや動物は人間のことばを話さず、したがって人間と動物とは異なるものであるということが暗に語られている」のであり、「現実世界の二元的対立項は、本来的には同一のものであると神話的に説明されることになる」[28]。煎本の指摘を本章の文脈に置き換えて考えてみると、人間と犬はもともと同じ言葉を話していたが（同一性）、現在では「人間」と「犬」という別個の存在であり、犬はワタリガラスから人語を奪われたままである（二元性）という見立てになる。このようなまとめ方をすると、同一性は過去のものであり、「人間」と「動物」の分離は表面上成立しているように見える。

しかし、本章で論じてきた事例からもわかるように、「犬」はふとしたきっかけで人間の言葉を話す存在に戻りかねなかった。煎本も、「二元性と同一性とのあいだの矛盾は神話の論理によってさえも根本的には解消されてはいない。むしろこの両者は併存している」と述べている[29]。つまり、二元性の論理にもかかわらず、狩猟の現場などでは同一性の原理が働くので矛盾がなくなることはない。私は二元性と同一性の「併存」に着目した煎本の見解をより精緻なものとするために、両者を同時並行的に進行する二つのベクトルのようなものだと考えてみたい。つまり、それぞれの「絡まりあい」の中で「二元的対立項」に向かうベクトルと「同一性」に向かうベクトルがあり、両者のせめぎあいの中で動態的に諸存在が移り変わっていく。

ここで禁忌が登場する。本章で考察した事例の場合、禁忌の役割は、「同一性」に向かおうとするベクトルに抗して、限りなく人間が人間のまま、動物が動物のままであるような状態に一時的にでも留め置くことで、「同一性」がもたらす危険な混合状況が生じないようにすることである。もちろん、禁忌が果たしている役割として他のものも考えられる。だが、「犬に話しかけてはいけない」という昔の禁忌は、「一つでもなければ二つでもない何か」[30]であるような「犬―人間」を、「犬」と「人間」に限りなく近いものとして一時的に抽出することで――しかしその瞬間にもそれらは「犬―人間」に戻っていく――何とかうまく「ともに生きる」ことができるようにしてきた北方狩猟民のハビトゥスを示すものだと私は考える。

第5章　ビーバーとともに川をつくる
――「多種を真剣に受けとること」を目指して

ビーバー論争

　最近、アメリカではビーバーがマニアの人気を集めている。といっても、ビーバーをもふもふとしたペットとして愛玩するのが流行しているというわけではない。ビーバーが注目を集めているのは、樹木の幹や枝、泥、石を使って見事なダムをつくり、周囲の環境を水浸しにする生態系エンジニアとしての能力を持つからである。魚類学者のマイケル・ポロックらによれば、ビーバーダムが河川の流れを緩やかにし、池をつくることでユスリカ、トンボの幼虫、イトミミズなどの底生無脊椎動物や水棲植物が豊富な環境を生みだしている。その結果、ビーバーダムによってできた池は、それらの生物を餌とする多くの魚類、とりわけギンザケの稚魚にとって非常に重要な成育環境となる。さらには、ビーバーの活動の影響は、付近の植生や水鳥、哺乳類にまで及ぶ。[1] ビーバーが働くことで河川がより豊かになることがわかってきたのだ。

著名な環境ジャーナリストのベン・ゴールドファーブは、ビーバーを利用した環境再生運動の現場を取材した著作を著している。この著作の「ビーバーとサーモン――ダムの効用」という章では、アメリカ西部地域でのビーバーとサケの関係をめぐる論争が主題となっている。ゴールドファーブは、前述のポロックらの研究結果を念頭に置きながら、ウィスコンシン州がビーバーの駆除やビーバーダムの撤去を進めていることを批判した。[2] ウィスコンシン州の政策は、ビーバーを駆除し、ビーバーダムを撤去すればカワマスの大きさと個体数が増加するという結果を示した研究に基づいている。[3] 倒木やビーバーダムのような河川内にある障害物が内水面の魚類に悪影響を与えるという考え方は、遅くとも二〇世紀前半には漁業管理学者の間で主張されていたが、[4] ポロックらの研究はそのような説を覆すことを目的としていた。ポロックらは、オレゴン州のブリッジクリークでウシの放牧などにより環境破壊と浸食の進んだ川を回復させるための活動を発案した。まず人間が模造ビーバーダムをつくり、そこにビーバーを招き入れることでより多くのビーバーダムをつくってもらい、川の浸食を止め、豊かな水辺の環境を取り戻すことがねらいであった。[5]

ゴールドファーブは、ビーバー擁護派として、ポロックら研究者の他に、サケが住む川を守るためにビーバーの再導入に踏み切った北西海岸先住民トゥラリップ出身のテリー・ウィリアムズの名前を挙げている。[6] 生態系への影響を顧みなかった毛皮商人や罠猟師とは対照的に、先住民は良識ある科学者とともにビーバーが生態系エンジニアとして環境保全のために果たす重要な役割を認識しており、ビーバーがダムをつくることを肯定的に捉えているという見立てである。オレゴン州やワシントン州ではそのような見立てが妥当であるのかもしれないが、私が調査する内陸アラスカでは少し事情が異なっている。内陸アラスカ先住民は、ビーバーダムがホワイトフィッシュやサケ類の遡上や移動を妨げていると主張し、近年、川や湖での漁獲高が減っている理由の一つとしてビーバーに対する捕獲圧[7]が減っていることを挙げているのだ。

内陸アラスカ先住民は狩猟文化で知られているが、サケやホワイトフィッシュのような魚類も重要な食糧源である。森と川で生きる彼らは、ビーバーやサケと日常的に関わっているが、それにもかかわらず、彼らは時代遅れの考え方に甘んじているということなのだろうか。それとも、ゴールドファーブが言うビーバー擁護派とビーバー反対派の二項対立を超えて、両者の見解がともに正しいという可能性はあるのだろうか。本章ではビーバーとサケの関係をめぐるこの問いについてマルチスピーシーズ民族誌の視点から考える。さらにはこの事例を通して、マルチスピーシーズ民族誌の目指す方向性についても考察を加えてみたい。

生態学・生物学と対話するマルチスピーシーズ民族誌

具体的な検討に入る前に、この事例を考えることがマルチスピーシーズ民族誌の議論とどのようにつながるかを論じておこう。第1章でも述べたように、マルチスピーシーズ民族誌が生まれてきた背景には「人新世」という時代認識がある。その名の通り、人新世はヒトが全地球規模で自然環境に影響を与える地質学的なアクターとなったという解釈のもとに成り立つ考え方である[8]。人間が科学技術や資本主義的な経済体制を通じて自然環境を大規模に改変するようになったことは、地球がどんどん人間の手中に収まるようになっていくイメージを想起させる。いや増す人間の行為主体性に押されて、野生生物をはじめとする非人間は「マイノリティ」となっていくとも言える。しかし、非人間の「マイノリティ」への搾取は、究極的には人間の地球上における生存基盤を掘り崩すことにもつながる。人新世という言葉は、地球の支配者然とした人間の驕りを感じさせるとともに、大量絶滅する種のリストの中にいずれしっぺ返しを受けるヒトも含まれるようになるのではないかという黙示録的な未来への不安もうかがわせる。[9]

マルチスピーシーズ民族誌は、そのような時代状況に応じて生まれたのだと言える。第1章でもすでに言及しているが、マルチスピーシーズ民族誌では、これまで人間のために利用される食料や記号として描かれてきた人間以外の諸存在が「人間と肩を並べて、明白に伝記的および政治的な生をもつビオスの領域」に登場するようになった。そして、そのような民族誌の実践を通して、「環境破壊についての黙示録の物語」が卓越する世界の中で「控えめな生物文化的希望」が見出され始めているという。[10]人新世の状況を生み出したのが人間例外主義に基づく自然環境の搾取なのだとすれば、人間以外の存在が持つ行為主体性に光を当てて民族誌的記述を進めていくことは、人間例外主義を乗り越えるための手段として構想されうる。

トム・ヴァン・ドゥーレンは、絶滅危惧種であるハワイガラスが保護施設での生活を経て、放鳥されたあと、餌のとり方や天敵の回避の点で野生種とは異なる行動パターンを示すようになったことに着目した。[11]彼は、放鳥されるハワイガラスの飼育個体がもともと野生の個体が有していた行動と生態学的機能を備えているべきだとする保全関係者の間で根強い言説を批判し、真正性を求める静態的な「種」アイデンティティからパフォーマティヴな「種」アイデンティティへと発想を転換するべきだと指摘した。[12] ヴァン・ドゥーレンによれば、後者の「種」アイデンティティ観にそぐう保全の実践として放鳥後も人間との関係を部分的に続ける「ソフトリリース」の手法があり、ハワイガラス（と保護施設の職員）が築き上げようとしている新しい生き方を肯定的に見る必要がある。[13]

ヴァン・ドゥーレンの議論には批判もある。マシュー・W・ワトソンによれば、ヴァン・ドゥーレンのようなマルチスピーシーズ民族誌の研究者は惑星規模での環境破壊という人類社会を覆う恐怖をやわらげるために動物の記号を動員した現代の神話づくりをおこなっているにすぎない。[14] つまり、ワトソンの見立てによれば、ヴァン・ドゥーレンは絶滅の危機に瀕するハワイガラスが新しい環境で生き残ろうとするために変化していくさまを擬人的な表現で描写することで、人新世の黙示録におびえる人間社会にとってのモデルの役割を不十分なやり方でハワイガラスに押しつけたことになる。[15] ワトソンは、ヴァン・ドゥーレンがハワイにおける野生生物保全に関わる歴史や民族誌的な記述を詳細で厚いものとするかわりに、マルチスピーシーズやポストヒューマン動物研究の哲学的な考察に耽溺していると厳しく批判した。[16]

ワトソンの批判は環境哲学出身のヴァン・ドゥーレンをマルチスピーシーズ民族誌の代表例としてしまっている点でミスリーディングであり、ヴァン・ドゥーレンに対する批判をもってマルチスピーシーズ民族誌全体を批判できたことにしてしまうのは早計である。[17] だが、ワトソンの批判には傾聴すべきものも含まれている。それは「マルチスピーシーズ民族誌家は生物学の専門家と応戦する方法論的、政治

―倫理的な義務がある」という指摘である。[18]

マルチスピーシーズ民族誌では、人間以外の存在を人間活動の単なる背景として見る見解を離れ、その行為主体性に着目する。だが、人類学者が直接の専門外としている生態学や生物学の領域にあたる部分に関しては科学者の言説をそのまま援用して、人間と人間以外の存在の絡まりあいに関するコメンタリーをするだけではオリジナリティに欠けるという批判を免れえない。[19]ヴァン・ドゥーレンの論考を読んで気になるのは、ハワイガラスやハワイの生態系に関する著者自身の観察が提示されておらず、保全関係者へのインタビューと文献渉猟のみで議論を進めてしまっていることだ。マルチスピーシーズ民族誌は、人間と人間以外の存在の絡まりあいに関して、通常の生物学や生態学がとりこぼしてしまう面に現地調査を通じて積極的に光を当て、その知見に基づいて人間と自然の関係、とりわけ人新世における生物文化的《バイオカルチュラル》な生存の技法について新しい見方を発信することが求められている。

冒頭で予告したように、本章では、ビーバーとギンザケを含む多種の絡まりあいの民族誌的な観察を軸として、ディチナニクの人々の実践が（ゴールドファーブが紹介した）現代の生態学の知見と矛盾するように思われる点について考察を進めていく。本章の後半では、キーストーン種に関する生態学の議論を引きあいに出しながら、マルチスピーシーズ研究と保全生態学の生産的な対話をしてみたい。このような論述の進め方をすることによって、「生物学の専門家と応戦する」義務を果たそうと思う。

ビーバーとディチナニクの人々の関わり

ビーバーは北アメリカで最大のげっ歯類であり、体重は一七～三二キログラム、尾を含めた全長は九〇～一二〇センチメートルにまで達することがある。毛皮は栗茶色をした外側の毛（刺毛）と灰色で柔らかい内側の毛（綿毛）からなり、優れた保温性を持っている。扁平な形をした特徴的な尻尾は、泳ぐ際に舵の役割を果たす。[20] 草食動物であり、高緯度地域ではヤナギやポプラを好んで食べていることが知られている。[21] ディチナニクの人々にとって、ビーバーは食料と毛皮をもたらす生き物である。ロシア人やアメリカ人との毛皮交易が盛んになってからは、ビーバーを含む毛皮獣の罠猟は現金収入を得る手段であった。この状況は一九六〇年代頃まで続いたと考えられるが、現在では毛皮の価格が落ち込んでいることから罠猟の重要性は以前と比べると低下している。だが、ビーバーの毛皮は、現在でも犬ぞり用のミトンや帽子をつくるのに使われることがある。

川に氷が張っていない解氷期（五月～一〇月）には、ビーバーが小ぶりなヤナギを集めるのに川岸付近をうろうろしているのをよく見かける。モーターボートでクスコクィム川上流域を移動すると、川岸から茂みに向かって獣道が延びていることがある。これは他の動物が使うこともありうるが、ビーバーが使っていることが多いと村人たちは語る。とくにヤナギや灌木の茂みでビーバーの食痕が見られる場合、ビーバーの活動が多いことを示している。ビーバーはヤナギの内皮を食べるだけでなく、ダムの建材として利用している。ビーバーには、越冬に必要な食料を巣穴の近くに蓄えておく習性があり、ヤナギはビーバーの重要な食料源である。解氷期にはディチナニクの人々はモーターボートで漁撈や狩猟に出かけるが、ビーバーがヤナギの枝を口にくわえながら川を泳いでいたり、尻尾で水面を打ちつけて仲間に危険を知らせたりする光景は日常茶飯事である。

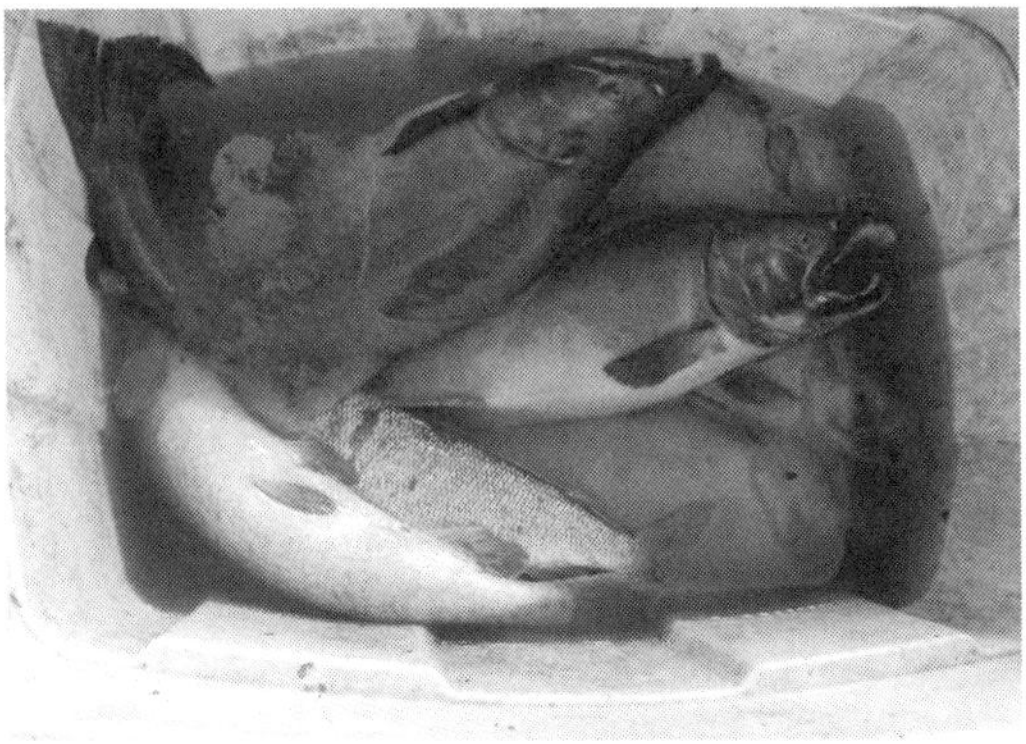

図5－1　刺し網で捕獲されたギンザケなど

第4章でも述べたように、ニコライ村が位置するクスコクィム川上流域では、マスノスケ、ギンザケ、シロザケという三種のサケ類が遡上する。マスノスケは人間の食料、ギンザケ、シロザケは食料が十分にあるときには犬の餌としてみなされているが、どの種も漁撈の対象となっている（図5－1）。サケ類をはじめとする魚類の遡上は人々にとって大きな関心事であり、そのことは第3章の事例一で紹介したワタリガラスとカモメの物語にも示されている。この物語は、〈ワタリガラス〉が知略を用いて〈カモメ〉たちが使っていた簗を壊させることで、川下に住む〈カモメ〉たちが独占していた魚を食料不足で困っていた川上の村でも獲れるようにしたという筋書きであった。遡上する魚をめぐって川上と川下の人々が対立する姿を描くとともに、魚が持つ食料資源としての重要性を示す物語だと言える。現在の漁撈では、氷河由来のシルトで水が濁っている本流部で刺し網が用いられ、水が透明な支流部では一九六〇年代に簗の使用が州政府によって禁止されてから現在まで釣り竿を使って漁撈がおこなわれている。

ディチナニクの人々が夏から秋にかけておこなう刺し網漁では、川と川が合流する箇所など、何らかの理由で周りよりも流速が遅くなっているところに網が設置される。このような場所では、遡上するサケなどの魚が休息をとるために集まっている。クスコクィム川上流域の多くの河川では上流の氷河から流れてくるシルトの影響で川が黄土色に濁っているため、漁網が見えることはない。刺し網が仕掛けられるのは、川の中央部分ではなく、川岸に近い箇所であり、どうしても刺し網が仕掛けられる場所とヤナギなどの水辺に生える植物を好むビーバーの活動領域が重なりあってしまう。その結果、ビーバーもディチナニクの人々も盛んに活動する夏の時期にビーバーが漁網にかかって死んでいるのが時折発見される。このことは、解氷期、とくに夏の時期にディチナニクの人々とビーバーの活動領域がオーバーラップしていることを示している。

ビーバーは結氷期をどのように過ごしているのだろうか。氷塊が川を流れ始める一〇月頭頃までは河川湖沼の至るところでその姿や活動の痕跡を見かけるのに、結氷期（一一月～四月）になると一転してビーバーは人目につかなくなってしまう。だが、ビーバーは冬眠しているわけではない。巣穴の中で過ごす時間が長くなるが、結氷期までに巣穴の近くに蓄えておいた植物を食べて生きている。湖に張った氷の上から見ると、ビーバーの巣穴はこんもりとしたマウンドのように見える。その近くに湖の氷と降り積もった雪の上から枯草のようなものが飛び出ているのが見えることがある。この下にビーバーの食料貯蔵庫がある。ビーバーの巣穴には水中につながる出入口があり、そこを通って、ビーバーは氷の下を泳ぎ、水中に蓄えてあった植物を利用する。

ディチナニクの人々は、九月の狩猟シーズン以降ビーバーに脂がのり始めると考えている。脂ののりと毛皮の品質が最も良くなるのは冬である。少しずつ日も長くなってくる二月から三月の時期はビーバーの氷下罠猟がおこなわれる時期である。私は、二〇一五年二月にフィルおよびスティーブとビーバー

図5－2　湖の氷に穴を開ける作業

罠猟に出かけた。その際の観察を紹介しよう。

　ディチナニクの人々はビーバーの巣穴を見つけると、前述した食料貯蔵庫の痕跡（氷上に飛び出た枯草の束）が近くにないか確かめる。それが見つかればビーバーが巣穴で越冬していることがわかる。ビーバーがその年に使用していそうな巣穴がわかれば、罠を設置する準備を始める。ただし、ビーバーは稀に氷上に出て活動することがあり、ビーバーが活動する巣穴の周辺は氷が薄くなっている可能性が高いので巣穴に近寄る際には注意を要する。まずはビーバーの巣穴と食料貯蔵庫の近くを選び、氷に穴を開ける必要がある。ビーバー罠猟の時期には氷の厚さが四〇センチメートルほどに達する。氷の表面にある雪を払いのけたあと、背丈ほどの長い氷突きで延々と氷を割っていく作業が続く。水中にくくり罠を仕掛けることになるので、直径三〇センチメートルほどの大きさが適している。氷の下部に行くにしたがって、ついつい穴の大きさが小さくなってしまうが、くくり罠が水中で適切に動くようにするためには氷の下部の方が広くなるように注意しなければならない。穴の準備ができたら、ビーバーが好むヤナギの枝を集める。ヤナギの枝を数本氷の穴に差し入れて、ビーバーをおびき寄せる餌とする。餌のセットが済んだら、中央にくくり罠を縛りつけた長い棒を氷の穴の上に渡し、くくり罠が水中に入るようにする（図5－2）。新鮮なヤナギを食べに来たビーバーが水中で枝をかじったり、巣穴に持ち帰ったりする際にくくり罠にかかり、溺死する。くくり罠の見回りは一日一回程度おこない、餌が食べられてしまっていたらヤナギを補充する。

ビーバーダムとギンザケ

次に、ビーバーとギンザケの関わりについて具体的な事例を見ていこう。二〇一四年一〇月六日、アンドリューらと四人でギンザケの遡上地に向かった。この時期、ディチナニクの人々はサケの遡上地でハイイログマを狩る。ただし、ハイイログマは冬眠から覚めたばかりの時期を除いて、人間の食用とはみなされない。サケ遡上地に滞在している個体はとくに魚くさい臭いを持つものが多いことから狩られたクマはあくまでも犬の餌として利用される。アンドリューによれば、ニコライ村でクマ猟の名人として知られたチーフ・デビアンもこの場所で狩猟をしていた。ハイイログマを見つけたらできるかぎり狩る方が良いと考えられているのは、ヘラジカの仔を襲うハイイログマと人間の間で食料が競合するからである。ディチナニクの人々は、遡上地で死んだばかりのサケを回収する「サケ採集」の習慣を持っていた。[22] 現在では、基本的に「サケ採集」をすることはないが、かわりにサケ遡上地でクマ猟をおこなっている。[23] 今回、アンドリューの案内人を務めたのはアダムであった。彼はアンドリューの祖父フィリップと何年も一緒に出猟していたが、二〇一四年五月にフィリップが死去したのでアンドリューと一緒に狩猟に行くことにしたのだという。

ギンザケの遡上地は、ニコライ村から南支流を一六キロメートルほど遡ったところにある。南支流を遡ると、川は幾筋かの強い流れが合流するところに到着する。その中でボートがやっと通り抜けられるかどうかの狭い小川がある。その小川をしばらく進むと、前方にワタリガラスやイヌワシ、ハクトウワシなどの鳥が数多く旋回している場所が見えてくる。近くまで来ると、岸にボートを乗りつけて、トウヒとヤナギの林がある方向に向かって歩いていく。途中で小川を三回ほど渡る。ギンザケが遡上する川は幅が一五メートル、深さが二〇センチメートルほどの浅瀬であった。私たちは川岸に沿って歩きながら、クマの痕跡を探した。川岸にはところどころ干からびたギンザケの死骸があり、五分間ほどで一四匹分見つかった。中には頭や背中をかじられたものもあった。ぬかるみにはハイイログマの大きな足跡が残っていた。浅瀬の水面でビシャビシャと水がはねる音がすることがあり、ギンザケがまだ遡上を続けていることがうかがえた。

その日、アンドリューらの目的は前日撃ったあと、茂みに逃げ隠れてしまい、回収できていなかったアメリカクロクマを見つけることであった。アンドリューはトウヒとヤナギの林に入り、血痕を追って手負いのクマを見つけることに成功した。このクマには腹部の脂肪がほとんどなく、解体中についた血からは強い魚の臭いがした。アンドリューとアダムによれば、通常アメリカクロクマはハイイログマと遭遇することを嫌い、ハイイログマがいそうなところでは見かけないことが多いが、この年のベリー類が長雨と冷夏で不作であったため、食べるものに困り、ギンザケの遡上地に行ったのではないかということであった。

この場所での狩猟方法は待ち伏せであり、クロクマの解体が終わったあと、私たちは茂みに身を隠して、ハイイログマが現れるのを待つことにした。前日にクロクマが現れたのも待ち伏せをしていたときであり、それ以前、一〇月初めにアンドリューは二匹のハイイログマを仕留めていた（図5－3）。だが、この日ハイイログマが姿を現すことはなかった。私たちが待ち伏せをしている最中にビーバーが私たちの目の前を泳いでいたことがあった。

次に取りかかった作業は近くにあったビーバーダムにすき間を開けることであった。アンドリューがクロクマを撃った地点から少し川上に行ったところにビーバーダムがあった。アンドリューとアダムは、ビーバーダムの上に立ち、木の棒を使って壊していった。ビーバーダムは樹木、ヤナギの枝や岩などを組みあわせてつくったものであり、木の棒を使って壊すことはそこまで難しいことではない。一〇分ほど作業すると、二、三メートルほどのすき間がビーバーダムの中央部にでき、そこから水が勢いよく流れ出ていった（図5－4）。しばらくすると、赤い魚影が集まって来て、上流に向かって進むのが確認できた。水位が変わったことに気づいたギンザケが遡上を再開した。ダムの中央部に開いたすき間から水が流れ出ているので、遡上しやすくなったとはいえ、水が流れこむところの流速はかなり速いように思われた。赤い婚姻色（繁殖期に現れる平常時とは異なる体色）で染まったギンザケはダムに開いたすき間の手前でいったん立ち止まり、助走をつけたあと、一気に流れを駆け上がっていった。私たちはしばらくビーバーダムの周りにとどまり、十数匹のギンザケを見送った。アダムは、「これで来年もサケが

図5－3　仕留めたハイイログマの毛皮を干す

図5－4　ビーバーダムにすき間を開ける

戻ってくる。アラスカ州の狩猟・漁撈部はこういう仕事で私たちを雇ってくれたらいいのにね」と他の者たちに語った。

アンドリューやアダムは、この日、ギンザケの遡上地でビーバーダムによる遡上の阻害が起きていると見ていた。私たちが浅瀬で見たギンザケはビーバーダムを飛び越えることができず、取り残されてしまっていた。ビーバーダムにすき間を開けて五分も経たないうちにギンザケの遡上が再開されたことを考慮に入れると、ギンザケは産卵のためにさらに上流に行きたがっていたと考えるのが妥当である。近年、さまざまな魚の漁獲量が減少していることが内陸アラスカ全体で懸念を呼んできた。その原因として、商業漁業での混獲、公海での乱獲、放射能汚染、地球温暖化など村内ではさまざまな理由が語られるが、ビーバーダムの増加も一つの要因として話題に上る。

漁撈対象種のうち、マスノスケ、ホワイトフィッシュが人間の食料として重要なので、とくに懸念の対象となっているが[24]、ギンザケもおもに犬の餌として秋の狩猟キャンプの際に利用されている。アラスカ州内の自然資源管理をおこなう部局である狩猟・漁撈部は、漁撈対象種の減少を食い止めることに強い関心を抱いており、各種の調査が実施されている。アダムの言葉は、ビーバーダムのすき間を開けることがギンザケの再生産を助けるための活動であり、ディチナニクの人々による「自然資源管理」の実践であるという考え方を踏まえたものとなっている。

前述したように、ビーバーは肉も食べられる毛皮獣としてディチナニクの人々によって狩猟されてきた。毛皮交易の時代にはビーバーの毛皮は重要な現金収入源であり、かつ、村から狩猟小屋への移動に必要な犬ぞりのために確保しておかねばならない食料でもあったし、人間にとっても美味な食料である。

電気ランプが普及する以前にはビーバーの脂を使って灯りにしていたこともあった。ビーバーを狩る理由には事欠かなかったようだ。

しかし、現在では多くの村人が犬ぞりではなく、スノーモービルを用いているし、そもそも毛皮価格の低迷が続いており、罠猟に出かけるメリットが見出しづらくなっている。古老世代はビーバーを冬に食べられる新鮮な肉として重宝しているが、若者の中にはビーバー、ヤマアラシ、マスクラットなどのげっ歯類を食べない者も少なくない。以前と比べて、狩猟圧がかかりづらい状況が生まれてしまっている。この状態が続くことでビーバーの個体数が急激に増加し、クスコクィム川上流域の至るところでビーバーダムがつくられるようになった。

ここで注意しなければならないのは、魚類の減少はビーバーダムが増えたことだけが問題ではないと人々が考えていることだ。ニコライ村の村人たちは、ビーバーダムが増えているのに加えて、川の水位が下がっていることが遡上阻害の被害をもたらしていると語る。[25] クスコクィム川上流域には南支流にあるニコライ村以外に、北支流の最奥部にテライダ村があった（現在は無人）。テライダ村出身の狩猟者が現在住んでいるニコライ村からテライダ村までモーターボートで向かおうとしたが、川の水位があまりに低くてモーターボートで通行できない状態になっていることが最近増えている。実際に衛星画像を利用した研究でも、内陸アラスカの乾燥化が進んでいることが報告されている。リオーダンらの研究によれば、半永久凍土地帯に属する内陸アラスカでは、この五〇年間で湿地・湖沼の減少が大幅に進んでいる。その原因としては、森林火災の増加と永久凍土の消失が関係しているようだ。[26] これらの観察を組みあわせて考えていくと、ビーバーダムによる遡上阻害という考え方は、社会変化（罠猟師の減少）と環

図5－5　補修されたビーバーダム

境変化（内水面の乾燥化）が複雑に絡みあって生じた現象を捉えたものであるかもしれず、昔の通説だからと一蹴するのはまだ早いように思われる。

ところで、壊されてしまったビーバーダムがどうなったのか気になる人もいるだろう。先ほど述べたギンザケ遡上地でのクマ猟から一〇日経った一〇月一六日、私は改めてアンドリューらとともに同じ遡上地に向かった。ギンザケはほとんどが遡上を終えたようで水中に二、三匹いるのを見かけたのみであった。ビーバーダムの様子を観察すると、すでにビーバーが修復をしたあとだったようで、ダムの破壊された部分には枝が新しく敷き詰められて漏れを防いでいた（図5－5）。前回の狩猟行で待ち伏せをしている際にビーバーが付近を泳いでいるのを見かけており、このビーバーが壊れたダムの補修をしたのだと考えられる。ギンザケの遡上がほとんど見られなかったため、今回ビーバーダムにすき間を開けることはなかった。クマの新しい痕跡は見つからず、かわりにオオカミやクズリのものと考えられる足跡が残されていた。私たちはハイイログマがこのギンザケ遡上地での活動をやめたと判断して、翌日の朝早々に撤収した。

ビーバー擁護派と反対派の二項対立を超えて

ディチナニクの人々によるギンザケ遡上地での活動の事例は、ビーバー擁護派と反対派という二項対立を超えて考える可能性を示している。ゴールドファーブは、ビーバー擁護派と反対派という派閥の対立としてアメリカ西部のサケ保全をめぐる動向を描いた。確かに、それはビーバーやサケに関心を持つ研究者、保全活動家などが関わる現場のポリティカルな状況を反映したものなのかもしれない。だが、一見ビーバー反対派と同じ意見を持っているかのように考えられるディチナニクの人々が実際にやっていることを観察すると、両者の見解は必ずしも相互に排他的ではないことに気づかされる。ビーバーダムが多くあることで生じうるギンザケへの被害は、成魚が遡上してくる時期（秋）に限られているが、ビーバーダムがもたらす利益は稚魚が育って降海するまでの長期的なスパンと関係がある。

ウィスコンシン州の政策では、ビーバーを駆除し、ビーバーダムを完全に撤去してしまうので、ポロックが発案したビーバーの力を借りた生態系回復の取り組みとは相いれなくなってしまう。他方で、ディチナニクのやり方は、ビーバーの乱獲が生じていない現在のような状況では、ビーバーダムがもたらす長期的なメリットを損なってしまうことはない。重要なのは、ディチナニクの人々がやっているのがあくまでもギンザケが通り抜けることができるだけの「ほどほどの破壊」であり、ビーバーダムの完全な撤去や駆除をともなう自然資源管理政策とは大きく異なることだ。この違いは、ダムに手を加えたあとのビーバーの反応に現れている。ビーバーを駆除し、ダムを完全に撤去してしまえば、新しいビーバーがやってくるまでその土地にダムが築かれることはない。だが、ビーバーが活発に活動する解氷期にビーバーダムにすき間を開けることは、遅くとも一〇日後には元に戻すことができる程度の破壊である。

ゴールドファーブは二項対立的な見方を取ることで、ビーバーの根絶と一時的にダムに穴を開けることの大きな違いに目を閉ざしてしまっている。たとえば、彼は、カナダのニューブランズウィック州でタイセイヨウサケの遡上を助けるためにダムに一時的に穴を開ける「ミラミシ・サーモン協会」とプリンスエドワード島でビーバーの根絶を計画した「アトランティックサーモン保護財団」を「ビーバーと魚が共存できないという誤った考え」として一括して論じている。[27] 本章での議論を踏まえれば、前者はビーバーの過剰な駆除をともなわない限り、ビーバーダムがもたらす利益と相反することはないと考えられる一方で、後者が実現されれば大きな影響が出るだろう。

興味深いのは、ディチナニクの人々がビーバーダムにすき間を開けるのが一定数のサケの遡上があるときに限られていることだ。彼らはあくまでもハイイログマ（およびサケ採集をしていた時代にはサケも含む）を求めて遡上地にやってきており、サケがいない時期にはハイイログマがやってくることもないため、遡上地に赴くことはない。一回目の訪問ではギンザケの遡上が十分にあったので、ビーバーダムにすき間を開けることがなされた。他方で、二回目の訪問ではほとんどギンザケが見られなかった。だから、彼らはダムに手を触れていないし、ハイイログマの痕跡が見つからないので早々に撤収という判断となった。ギンザケをねらうハイイログマを追って狩猟に行き、その途中でビーバーダムにすき間を開けることは、サケの遡上阻害が生じうる時期にのみポイントを絞ってダムに介入している点で非常に合理的である。

ギンザケ遡上地で起こっていることを改めて整理しておこう。ビーバーがダムをつくり、餌となる虫が豊富でギンザケの稚魚にとって住みやすい環境を整備する。ギンザケの稚魚は成長して、海に降《くだ》ったあと、海洋からの養分を蓄えて遡上する。ダムの増加と乾燥化の影響を受けて、ビーバーダムはギンザケの遡上を阻害するが、それはディィチナニクの人々によって部分的に解消される（ただし、すべての遡上地でそうするのは不可能である）。ハイイログマがギンザケを捕まえ、森の中で食べて、河畔林に養分をもたらす。サケの稚魚が卵から孵化し、ビーバーダムがもたらす豊かな環境で育っていく。

キーストーン種とともに考える

ここまでの事例をもとに、より生態学の議論に引きつけながら考えてみよう。生態系エンジニアとしてのビーバーの活動に着目することは、キーストーン種の議論ともつながっている。キーストーン種とは、「個体数の割に生態系に大きな影響を与える種」とされており、要石（キーストーン）の名の通り、その地域の生物群集を支えるような役割を果たす。[28] キーストーン種には、頂点捕食者、生態系エンジニア、種子散布者などが含まれる。[29] 本章で論じたビーバー（生態系エンジニア）、サケとハイイログマ[30]（海洋と内陸部の間の栄養循環）は、それぞれ北米北西部においてキーストーン種もしくはキーストーン相互作用を構成する種として考えられている。[31]

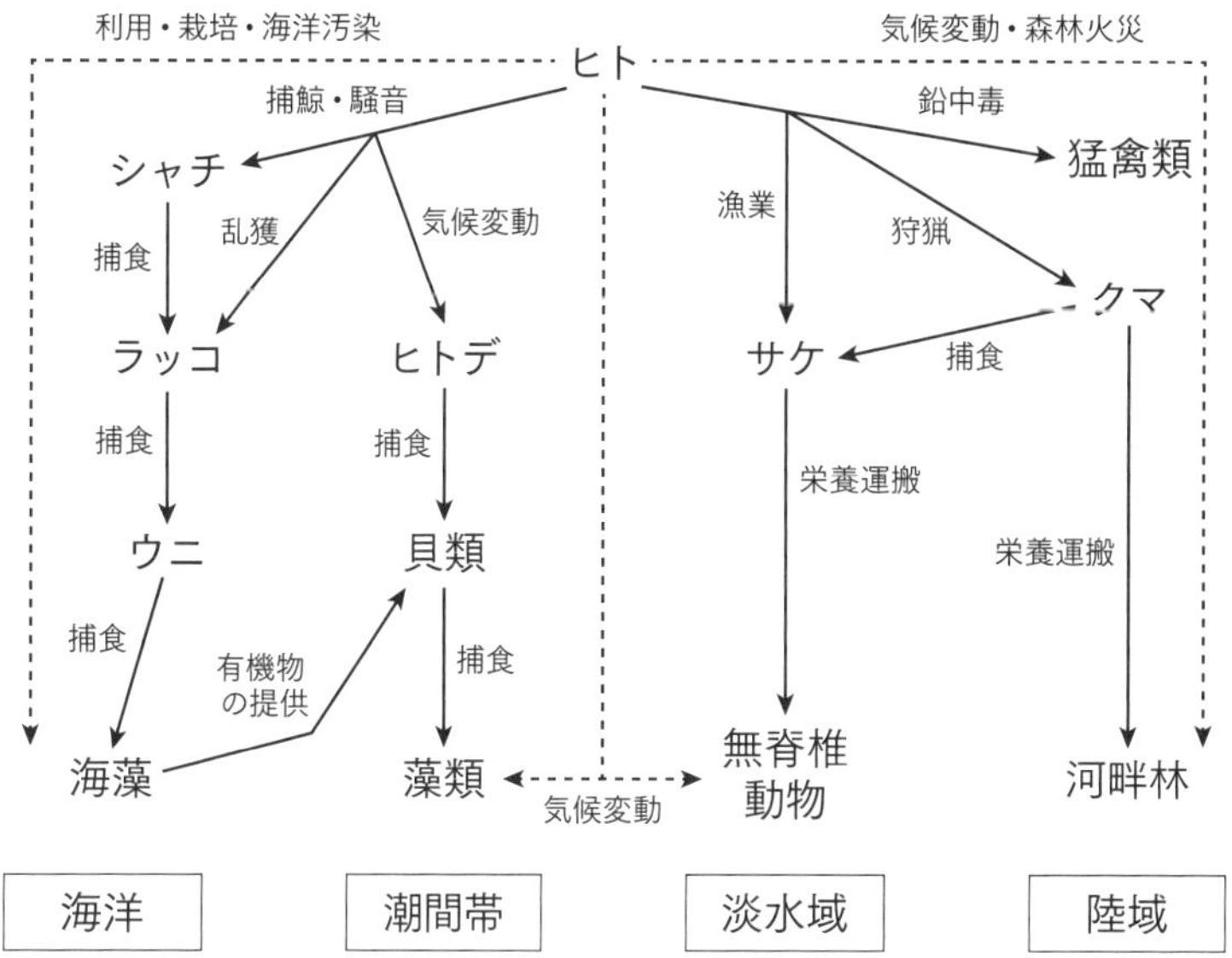

図5－6　北米北西部のハイパーキーストーン種としてのヒト
（Worm and Paine 2016：603 より一部改変）

このような知見は北米の生態学研究の蓄積によって生まれてきたものであるが、近年、キーストーン種の議論を人新世におけるヒトの生態学的位置づけを理解するために応用した議論が提唱されている。それは、人新世におけるヒトを「ハイパーキーストーン種」として位置づけるもので、北米生態学の重鎮であるボリス・ウォームとロバート・ペインによって提起された。[32] ハイパーキーストーン種は、「さまざまな生息地に住む他の複数のキーストーン種に影響を与え、そうすることで潜在的に連続した複雑な相互作用の連鎖を駆動させる種」である。[33] 図5－6は、北米北西部におけるハイパーキーストーン種としてのヒトの位置を示したものである。ヒトは、海洋ではシャチやラッコ、潮間帯ではヒトデ、内水面ではサケ、陸域ではハイイログマやハクトウワシといった複数のキーストーン種に影響を与えることでそれぞれの地域の生物群集に大規模な変化を与えている。これがヒトを「ハイパーキーストーン種」として捉える立場を正当化するものとなっている。

人新世におけるヒトの生態学的な位置を示そうとしたこのモデルは人間中心主義的であり、ほとんど中世キリスト教の「存在の大いなる連鎖」の現代版に見える。[34] 人新世を人間例外主義がもたらす黙示録の予言的言説として見る立場からは、ハイパーキーストーン種のような議論は生態学の先行研究で理論武装した人間例外主義の具現化として批判されるべきものと考えられる。

しかし、本章で論じたサケ遡上地の民族誌記述をもとに別の読み方も可能である。この遡上地で記述の対象となっていたのは、ヒト以外にはおもにサケ、ビーバー、ハイイログマであるが、これらはどれもそれぞれのやり方でキーストーン種もしくはキーストーン相互作用を構成する種であった。ディチナニクの人々がおこなってきたサケ遡上地での活動は、複数のキーストーン種間の行為をうまく調整することでサケの生存可能性を拡大するものであることに着目したい。この活動は、「さまざまな生息地に住む他の複数のキーストーン種に影響を与え」るところまではいっていないため「ハイパーキーストーン」的な役割とは言いづらいが、ある一つの場所におけるキーストーン種間の絡まりあいに関与する「キーストーンとともになる」役割を果たしていると考えられる。ディチナニクの人々は、キーストーン種が絡まりあって織りなす網の目の中に入りこむことでそれらの存在と「ともになる」過程——実際に物理的な関わりが生じるのは非常に短い時間かもしれないが——を経験している。

以上のことから明らかになってきたのは、少なくともクスコクィム川上流域に関して言えば、生態系保全は「ビーバーたちにおまかせ」では済まないかもしれないという可能性である。[35] 近年、人の手が入ったことがない「原生自然」だと考えられていた場所が、実際には先住民の人々が活動することによってつくられたものであることが判明する場合が散見される。[36] だが、ディチナニクの人々の言葉と実践に寄り添って考えてきた本章の結論は、「ビーバーたちにおまかせ」でも、「先住民におまかせ」でもなく、その〈あいだ〉に答えを求めるものである。ビーバーがいなくなってしまっては、ビーバーダムがつくりだす生態系への利益は損なわれてしまう。他方でディチナニクの人々のサケ遡上地での活動がなければ、ビーバーダムは魚類の遡上を阻害してしまいかねない。重要なのは、ある一つの種だけが特権的な地位を占めるのではなく、ビーバー―サケ―人間を含む絡まりあい自体を考慮に入れることである。

マルチスピーシーズ民族誌が目指すこと

本章を締めくくるにあたって、今回取り上げた事例からマルチスピーシーズ民族誌が目指すものについても考えてみたい。本章の議論は、ゴールドファーブの環境ジャーナリズム的な著作で示された見解を批判的に検討しているが、この批判の前提にあるのは環境ジャーナリズムとマルチスピーシーズ民族誌の親和性である。端的に言えば、どちらも良質な「サイエンスライティング」であることを目指している。

ゴールドファーブの著書の中では、ポロックなどの科学者や環境活動家へのインタビューと彼らの活動への同行が重要な情報源となっている。これは、少なくとも表面的には科学技術社会論的なマルチスピーシーズ民族誌の研究手法と類似しているように思われる。[37] アメリカ東部チェサピーク湾を事例に、ビーバーによってギンザケ生息地の回復を目指す運動をマルチスピーシーズ民族誌の視点から考察したワールフル＝アースキンの研究では、「州、連邦、トライブの機関で働く生物学者、NGO職員、草の根の運動家、罠猟師、農家、牧場主、元伐採労働者」などがおもなインタビュー調査の対象となっていた。[38] 環境ジャーナリズムとマルチスピーシーズ民族誌は、生態系や生物種の保全を含む多くの関心領域を共有し、インタビューや現場への同行という手法を用いて研究／取材活動をおこなっている。

他方で、私がここで目指したのは、マルチスピーシーズ民族誌的な調査を通じて、自然科学者がこれまで考えなかった可能性を示唆することである。ゴールドファーブが取材したアメリカ西部では、ビーバー擁護派と反対派の両者ともに自然科学的な研究成果を根拠（の一部）としてみずからの主張を組み立てていたが、私はディチナニクの人々の実践とポロックらの研究をもとに両者が矛盾せずに両立する可能性を模索した。マルチスピーシーズ民族誌は、さまざまな分野の研究者が推進する多様な運動体として考えることができるが、[39] 内陸アラスカ先住民のエスノロジー（民族学）への関心から研究を始めた私にとって、自然科学の研究自体を検討の対象とするよりも、現地での実践と語りを科学者のそれと対話させることがねらいであった。

この点はマルチスピーシーズ民族誌のオリジナリティに関わっている。エスノロジー的な関心からマルチスピーシーズ民族誌を実践する場合、調査者自身による人間の集団に関する民族誌と自然科学者による現地の生態系や動植物に関する記述や分析を、それぞれ「人間」側と「自然」側の情報源とするという分担を設けた上で議論を進めることになりがちである。このような分担を完全に避けることは難しい（たとえば本章でもビーバーの習性を記述するための論拠として自然科学の論文を用いている）一方で、マルチスピーシーズ民族誌家はより積極的に「人間」に関する自身の調査に自然科学の研究成果を接ぎ木するような状況を乗り越えるべきだと私は考えている。

通常の民族誌がある人間の集団に入りこんで現地の習慣や言語を学びながらその土地の人々を内側から理解することを目指す方法論なのだとすれば、マルチスピーシーズ民族誌では、人間の集団が現地にいるだけでなく、人々と切り離されないような形で動植物、菌類、ウイルス、精霊、機械などの諸々の存在が絡まりあっていることを分析の出発点とする。マルチスピーシーズ民族誌家は、人間と人間以外の存在が織りなす「ハイブリッドコミュニティ」での参与観察をおこなっている[40]。

ここまで考えていくと、マルチスピーシーズ民族誌は現地の人々が生活を送る姿を観察しながら、同時に多種の絡まりあいを「人々とともに観察する」営為であると考えることができる[41]。本章の文脈で言えば、私はディチナニクの人々のクマ猟とサケ遡上地での活動に同行しながら、彼らの実践のみならず、彼らが関わるさまざまな生物による「世界をつくる実践」を目のあたりにした。アンドリューたちがビーバーダムにすき間を開けると、ギンザケがやってきて遡上を再開し、私たちが再び遡上地に戻ってきたときにはビーバーがダムを修復していた。もちろん本章で示した観察は逸話的なものであり、ビーバーダムによる遡上阻害説やビーバーダムにすき間を開ける行為の有効性を生態学者や生物学者が納得するような形で証明できているわけではない。しかし、ビーバー擁護派と反対派という形で二項対立的に捉えられがちであった状況に対して、ディチナニクの人々の実践とそれに対するギンザケやビーバーの反応を記録することで両者の見解がともに正しいかもしれないという新しい仮説を提示することができた。民族誌は仮説検証のための道具ではなく、新しい問いを発見するための技法であることを考慮すれば、マルチスピーシーズ民族誌でも「人々とともに観察すること」を通して自然科学者が検討してこなかった方向性を模索することが一つの貢献として考えうる。

本章で示そうとしたマルチスピーシーズ民族誌のねらいは、ティム・インゴルドの議論とも共鳴するところがある。インゴルドは、「参与観察は人々とともに学ぶ方法である」と喝破し、人々の生を記録するための「データ収集の方法」としてみなすことを強く批判した。[42] 彼によれば、参与観察は現地の人々が教師となり、人類学者がそこから学ぶ徒弟や学生として位置づけられるような経験である。本章でも、ディチナニクの師匠とともにギンザケ遡上地という「ハイブリッドコミュニティ」に足を運び、ビーバーやギンザケを観察した経験から議論を進めている。ここでは、通常の民族誌における「人々の生活の観察」を下敷きとしながら、「人々とともに観察する」ことがなされ、そのことを通して「人々から学ぶこと」が企図されている。

インゴルドは、現地の人々から受ける「教育」を積極的に引き受ける人類学者の姿勢を「他者を真剣に受けとること」と表現している。[43]「他者を真剣に受けとること」は、いわゆる「存在論的転回」の標語であり、人類学者がフィールドで出会う人々の語りを「文化的信念」や「文化的構築物」以外の何かとして受けとる態度を指す。この議論は、「自然／文化」の二分法を前提として思考を続けることを拒否する現代人類学のアプローチから生まれ、現在では「自然／文化」批判の問題意識を踏まえながらいかに書くことを再考できるかという議論が進んでいる。[44]

では、マルチスピーシーズ民族誌の営為はどのように表現できるだろうか。私は本章で論じてきたマルチスピーシーズ民族誌の方向性を示す標語を「多種を真剣に受けとること」と表現したい。この標語は、マルチスピーシーズ民族誌において、現地の人々が語る言葉を「文化的構築物」ではないようなやり方で理解することを模索しながらも、それにとどまらず、調査者自身が（現地の人々とともに）動植物、菌類などの諸存在について観察し、そこから自然科学の知見との対話を始めていくようなあり方を指している。本章の議論に引きつけて言えば、マルチスピーシーズ民族誌は、ディチナニクの人々、生物学者・生態学者、ビーバー、ギンザケ、ヤナギ、川、虫などの多様な存在が営む「世界をつくる実践」を参与観察し、それらが織りなす絡まりあい全体を調査者の教師とする実践である。マルチスピーシーズ民族誌は、「自然／文化」の二分法批判以降、幕を上げた現代人類学の理論的な立場を踏まえながら、「参与観察」という人類学の調査方法を人間以上の世界へと開いていく可能性を秘めている。

第6章　「残り鳥」とともに生きる
——ドムス・シェアリングとドメスティケーション

ドメスティケーションの周辺から考える

調査の初期にニコライ村で民族生物学の聞き取りをしていた私は、珍しい習慣について耳にした。内陸アラスカにはさまざまな鳥がやってくるが、その多くは夏鳥であり、秋になると南に飛び去ってしまう。しかし、その中には同じ種の仲間は南に渡ってしまっているのに、何らかの理由で渡りができずアラスカにとどまる個体もいる（以降、そのような鳥を「残り鳥」と呼ぶ[1]）。ディチナニクの人々は、渡り損ねた「残り鳥」を冬の間保護し、家の中でともに暮らしていた。ディチナニクの人々は狩猟漁撈民であり、家畜との濃厚な関係を有する牧畜民とは大きく異なる。「残り鳥」の保護をドメスティケーション（飼育化／栽培化）の例と呼ぶことはできないが、鳥が人に馴れる点では関連する部分もあるかもしれない。この事例を一体どのように考えたらよいのだろうか。本章では、近年の北方人類学で展開されているドメスティケーション論を参照しながら、「残り鳥」の一時的保護を含む人間―鳥―土地の関係性について「ドムス・シェアリング（domus-sharing）」の観点から考えていく。

狩猟や漁撈を生業とする北方アサバスカン社会を理解するためには、北方樹林帯での生活に適応する過程で文化的・歴史的に構築された動物との関係を抜きに議論を進めることはできない。生業対象種によって有効な狩猟・漁撈技術が異なり、その違いがバンド（川筋ごとにつくる小集団）の規模や遊動形態に与えた影響に関して北方アサバスカン民族誌学の草創期から論じられてきたし[2]、犬ぞりの導入を含む毛皮交易のインパクトによる社会変化（もしくは不変化）を取り上げた研究も数多い[3]。動物の補助霊に関する議論でも、補助霊の力を借りて狩猟を成功に導く者がバンドの有力者とみなされる事例からバンドや集落内のリーダーシップが論じられた[4]。生業活動を通じた動物との関わりに着目して人間社会を理解しようとするアプローチが北方アサバスカン民族誌学では盛んになされてきた。

しかし、地球温暖化にともなう大規模な環境変化が進行する現在、土地は人間や動物が活動する不動の背景ではなく、人間や動物とともに絡まりあい、ダイナミックに変化を遂げるアクターであるとみなすべきである。本章では、人間と動物の関係にとどまらず、人間―動物―土地の絡まりあいについて考えてみたい。ここでは、マルチスピーシーズ研究の流れを汲むとともに、近年の北方ドメスティケーション論も取り入れた方法をとる。

ドメスティケーションの対象となった動物、つまり家畜は、「その繁殖、テリトリー（なわばり）の構成、給餌を完全な支配下に置かれ、人間の共同社会の経済的利潤のために飼養されてきた」存在と考えるのが一般的であった[5]。しかし、近年、人間による動物の支配や管理という観点からなされてきた従来のドメスティケーション論に対して、人間―動物間の共生関係に着目する議論が提出されてきた。[6] 人類学者のデイヴィッド・アンダーソンらは、後者のドメスティケーション論に対しても批判を加えた。彼らは、人間と動物の二項に閉じたドメスティケーション論には「不毛な景観」が広がっており、かわりに「土地やモノ、動物や人間の諸人格がともに意味深い状況に注意を向けていく」ような「世界とのよりエコロジカルな関わり」を描くアプローチが必要だと指摘した。[7] シャルル・ステパノフとジョン＝デニ・ヴィーニュは、哲学者のドミニク・レステルを参照しながら、人と人以外の諸存在がさまざまな連合を築くさまを「ハイブリッドコミュニティ」という言葉で表現した。ステパノフらは、アンダーソンらの指摘を念頭に置きながら、「ハイブリッドコミュニティ」は人間―動物の二項関係ではないと説明する。人間や動物に加え、ラテン語で「住居」を意味し、ドメスティケーションの語源ともなった「ドムス」、つまり、「共有する生息地」や「共通の場」も考慮に入れた上で、人間―動物―ドムスの三者関係として理解されなければならない。[8]

ステパノフとヴィーニュのドメスティケーション論は、「残り鳥」の保護の事例を考える上で非常に適した枠組みである。本章では、「ドメスティケーション」そのものではなく、ドメスティケーションの周辺に位置づけることができるような内陸アラスカ先住民の実践を「ドムス・シェアリング」と呼ぶことを提案する。ステパノフとヴィーニュは、ドメスティケーションのみならず、その周辺を含むさまざまな関係性のあり方を示すために「ハイブリッドコミュニティ」を採用した。[9] 本章のようなドメスティケーションの周辺から考える立場にとって、彼らのアプローチは親和性が高い。

野鳥の餌づけ・保護・飼育

内陸アラスカ先住民社会には野鳥とともに生活空間を共有することに関するさまざまな習慣の報告がある。この節では、ディチナニク以外にも近隣の北方アサバスカン集団である内陸デナイナ、コユーコン、デギタンなどの事例を取り上げてみたい。[10]①野鳥の餌づけと生活空間の共有、②「残り鳥」の一時的な保護、③野鳥（とくに幼鳥から）の飼育の三点に大別することができ、それぞれ異なる目的を持つこれらの習慣について整理しながら紹介しよう。

野鳥の餌づけと生活空間の共有

まずは、内陸デナイナに関して報告された、春から夏にかけてなされる「①野鳥の餌づけと生活空間の共有」である。内陸デナイナの人々は、家や燻製小屋、キャンプ地の近くに餌を撒き、コマツグミやスズメ目《もく》の野鳥を近くにおびき寄せることがあった。餌を置く距離を日ごとに小屋やテントのそばに近づけていき、鳥が次第に人間に慣れていくにつれて、屋内に入ることもしばしばあったようだ。人慣れした野鳥は、自分の意志で屋内に出たり入ったりするのを自由にすることができた。[11]このように野鳥が人間の生活空間のごく近くにいることでハエなどの虫を食べてくれるというメリットがあった。[12]

内陸デナイナの事例とは異なるが、ディチナニクの人々の間でも野鳥への餌づけを見たことがある。二〇一三年九月上旬、私はクスコクィム川上流域の北支流にあるニック・アレクシア・シニアの狩猟キャンプでヘラジカ猟に参加した。狩猟キャンプからボートで五分ほど進んだところに川の分岐点があり、

図6－1　ギンザケの身をついばむカナダカケス

そこは川の流れが遅くなっているため遡上中の魚が休憩を取る場所として知られている。ニックたちはヘラジカ猟の傍ら、そこに刺し網を仕掛けていた。九月四日にはギンザケ八匹、シロザケ一匹、ホワイトフィッシュ一匹を捕まえていた。さっそくシロザケは狩猟キャンプに同行していた犬の餌となったが、翌五日にもギンザケ一〇匹、ホワイトフィッシュ六匹、キタカワカマス一匹が取れ、その場にいる人や犬が食べる分には十分すぎるほどの漁獲となった。その日の午後、ニックは狩猟キャンプの地面に放置されていたギンザケの内臓を出して、三枚おろしの要領でさばいたあと、サケの身を狩猟キャンプ内にある切り株の上に置いた。しばらくするとカナダカケスがやってきて、サケの身をつついては飛び去って行った（図6－1）。ニックになぜそのようにするのかと尋ねると、彼は「私たちは鳥を見るのが好きだ。良い連れあいだから」と答えた。

「残り鳥」の一時的保護

次に、本章で中心的に扱うことになる、「②残り鳥の一時的保護」を取り上げたい。前述したように、内陸アラスカでは、「残り鳥」を冬の間、飼育することがあるが、春になると野に放つことになっている。ディチナニクの人々の間では、ミヤマシトド、ゴマフスズメ、ユキヒメドリ、クロムクドリモドキ、コマツグミなどの小型鳥類が捕獲対象とみなされてきた。一〇月頃に初雪が降ったあと、まだ渡りを終えていない夏鳥が「残り鳥」として捕獲の対象となる。繁殖期にあたる夏の時期に野鳥を飼育するのは禁忌とされている。[13] 捕獲にはかご罠のやり方が一般的に用いられており、つっかい棒でかごの役目を果たす段ボール箱や洗面桶を立たせて、そのすき間に鳥が入った時にひもを引いてつっかい棒を取り除き、鳥をかごの中に閉じ込める。捕獲の動機について尋ねると、冬のアラスカで生き残ることができない「残り鳥」への同情心からという答えの他、子どもや老人の「良き連れあい」になるからという答えも聞かれた。後者の答えは、後述するクロムクドリモドキの「チャガ」が捕獲された理由とも近い。

内陸デナイナの間でもほぼ同様の習慣が知られている。内陸デナイナの人々は、秋になると、他の鳥とともに渡らなかった小型の鳥類を捕獲して、冬の間世話をした。捕獲された鳥は、春になると自由に室外にも出ることを許され、その年の渡りの際には仲間とともに南に渡る。彼らが野鳥を飼育するのは、鳥を観察するためと一緒にいることを楽しむためであるとされる。内陸デナイナの場合、冬の間、屋外で「残り鳥」に餌づけをしたこともあった。捕獲方法としては、ディチナニクの事例で述べた段ボール箱や洗面桶などが使われるようになる以前には、かんじきやシラカバ製のかごが使われていた。先に紹介したのと同様のつっかい棒を使ってこれらの道具を持ち上げておいて、餌につられた鳥が入ったらつっかい棒を引く。上から道具が落ちてきて、鳥が捕まえられる、という仕組みになっていた。[14]

デギタンの人々の間でも、同じくつっかい棒を使ったかご罠で鳥類の捕獲がなされていた。鳥類の捕獲は、おもに子どもがすることとみなされていたが、大人でもする者がいた。捕獲された野鳥は、トウヒ製の鳥かごの中で飼育され、つがいで飼うことは禁忌であった。よく飼育されていたのは、クロムクドリモドキ[15]とゴマフスズメであった。コマツグミ、エリマキライチョウ、フクロウなども捕獲されることがあったとされている。エリマキライチョウやフクロウは留鳥であるため、②には該当しない。クロムクドリモドキ、ゴマフスズメ、コマツグミなどの夏鳥についても必ずしもその鳥が「残り鳥」であるかどうかについては言及されていない。フクロウなどの場合、肉食であるため餌の確保が大変となり、子どもが餌を探すのに飽きた頃には放鳥された。[16] 捕獲方法や対象種に関してはディチナニクや内陸デナイナと共通する点が見られるため、②の中に含めた。

コユーコンの人々の間では、ユキヒメドリを一時期飼育する人がいたことをネルソンが報告している。[17] 具体的な時期には言及されていないが、六か月間飼育した者もいたようで、仮に飼育期間が一〇月から四月であった場合、「残り鳥」の保護に該当する可能性がある。

野鳥（とくに幼鳥から）の飼育

最後に、「③野鳥（とくに幼鳥から）の飼育」について説明する。内陸デナイナの人々は、野鳥の幼鳥を捕まえてきて、飼育することがあった。ワタリガラスや猛禽類の幼鳥は巣から盗むのに対して、ガンの場合、生後一週間ほどの幼鳥が小川や湖で泳いでいるのを見つけて捕まえる。人に慣れたワタリガラスやカササギ、ハヤブサ、オナガフクロウ、ワシミミズクは、獲物を見つけるために訓練され、狩猟の補助をする鳥として用いられた。飼育されたガンも、人間のために獲物となる動物を見つけたり、野外で人々をハイイログマなどの危険な動物から守ったりする役割が期待されていた。秋には南に渡ることになっているガンやハヤブサなどの夏鳥は、人慣れした個体であっても他の鳥とともに南に渡っていったとされる[18]。

コユーコンの人々は、カナダガン、マガン、オナガフクロウを子どもの周りで飼育することによって、その子どもが鳥の持つ良い性質（誰とでも仲良くできるガン、狩猟のうまいフクロウ）を受け継ぐことができると考えていた[19]。

「残り鳥」と住まう

ディチナニクの人々は、ミヤマシトドやクロムクドリモドキの「残り鳥」とどのように関わったのだろうか。ここで取り上げるのは、前述した「②南に渡り損ねた夏鳥の一時的な保護」に分類されたものに限られている。まずはミヤマシトドの事例から詳しく見ていこう。

ミヤマシトド

二〇一四年一〇月一四日、ミヤマシトド一羽が、ニコライ村の墓地付近で観察された（図6－2）。一〇月四日には解氷期以降、その年の初冠雪を記録しており、一〇月一四日には村の全域にわたって二

〜三センチメートルの根雪が残っていた。

ミヤマシトドは内陸アラスカでは夏鳥であり、春から夏にかけてニコライ村内や村外れの草むらで数羽ほどの群れをつくり採餌しているのをよく見かける。しかし、ほとんどの個体が秋までには南方に渡ってしまうため、一〇月の時期にミヤマシトドを通常見ることはない。このミヤマシトドの個体は雪が少ない場所を探しては採餌を試みていた。村人と私自身の観察では、この個体は嘴《くちばし》が変形しており、採餌がうまくいっていないように思われた。ミヤマシトドは渡り前に脂肪を蓄積し、蓄えた脂肪が一定の量に達してから渡りをするが[20]、この個体は嘴が変形していることから十分な採餌ができず、渡りを開始することができなかったと考えられる。

図6－2　「残り鳥」のミヤマシトド

スティーブン・ジュニアとその兄ジミー・ニコライは、この個体が見つかった場所の近くにある家の手すりに段ボールを重ねて身を隠す場所をつくった[21]。彼らはそこから様子をうかがいながら同じく段ボールでつくった即席のかごを用いて、ミヤマシトドを捕獲しようとした（図6－3）。彼らがミヤマシトドを捕獲しようとした理由は、ダニエルの母ドラのためであった。彼女は、残り鳥がいる年には、夫のフィリップとともにそれを捕獲して、冬の間世話し、春になると放鳥することを習慣としていた。ドラは二〇一四年の春に夫を亡くし、悲嘆に暮れてい

図6－3　段ボール製のかご罠（中央にある箱）

た。フィリップとドラはスティーブンの代父母（洗礼の際に立ち会う後見人）にあたり、スティーブンは彼らの家によく顔を見せに来ていた。スティーブンはドラの状態を見かねて、元気を取り戻してもらうために夫婦でよくやっていた夏鳥の一時的保護をしてもらおうと考えていた。

ジミーとスティーブンはかごを置いた周りの雪を取り除き、ミヤマシトドが採餌しやすい場所をつくり、そこにおびき寄せようとした。しかし、この家は村の公共施設とも近く、人通りが多いので捕獲は失敗に終わった。二人が用事で罠を離れている間には私がかご罠を見張る時間帯もあったが、事情を知らない村人が家を訪問しようとして立ち寄るたびにかご罠に近づきつつあるミヤマシトドが警戒して飛び立ってしまった。そのため、一〇月一四日の夕暮れまでにかご罠は放棄された。

その後、二〇一四年一〇月～二〇一五年一月にかけて例年よりも暖かい日々が続き、積雪がほとんどない状態が続いた。これは例年では生じないはずの事態であり、温暖化の影響と考えられている[22]。二〇一五年一月になると私は調査中に寄宿していた家の近くでミヤマシトドをしばしば見かけるようになった。双眼鏡で確認すると嘴が変形しているようであったため、同一個体と考えられる。ジミーとスティーブンがミヤマシトドの捕獲を試みた家から私の寄宿先まで歩いて数分の距離であり、採餌を試みる場所を変更したのだと思われる。近所に住むポールと私は、ミヤマシトドが隣家に建てられた倉庫のすき間から内部に入っていくのを頻繁に見かけた。このミヤマシトドは風雪の影響を受けづらい屋内を住処としており、降雪も少なく気温も比較的高い年であったため、この時期まで生きのびることができた。その後、二〇一五年二月には気温が下がり、降雪量も例年に近いものとなった。ミヤマシトドを一月以降見かけることはなく、凍死もしくは餓死したものと考えられる。

前述したようにスティーブンとジミーは「残り鳥」のミヤマシトドを捕獲して、ドラに春まで飼育してもらうことを望んでいた。このことは村人たちが言うように、保護された夏鳥が老人たちの「良き連れあい」になるという考え方を踏まえたものである。他方で、ポールはジミーとスティーブンの意図を知っていたが、彼らが捕獲を断念した様子なのを見て、「その鳥を早く誰かが殺してあげなければならない」と言った。ポールは、鳥が寒さと飢えの中で苦しんで死ぬのはかわいそうだと考えていた。

ポールは同時期にニコライ村で観察された他の「残り鳥」に対して以下のような考え方を示した。二〇一四年一〇月一八日に村の教会近くの草むらで観察されたコマツグミ三羽は渡りの途中だと考えられることからとくに何もしない方がよい。実際にこのコマツグミたちを翌日以降見かけることはなかった。

同年一〇月二八日に村の滑走路で多くの村人が観察したナキハクチョウの幼鳥に関しては、仲間とはぐれた幼鳥なので殺すべきだという。この個体は幼鳥の身体的特徴を示しており、村人たちはその夏の天候不順が原因で発育が遅かった個体なのではないかと推測した。これらの事例から考えると、捕獲をして保護する必要がない場合には関与しないことが望ましいとされる一方で、鳥の越冬が絶望的な状況では捕獲して一時的に保護するか、室内で飼育するには大きすぎる種の場合や捕獲がうまくいかない場合には苦しまないうちに殺すべきであるという考え方が適用されるようだ。ただ、ポール自身は上記の意見を述べたが、実際にミヤマシトドやナキハクチョウを探し出して苦しまないように殺すという行動をともなっているわけではない。

クロムクドリモドキ

次にクロムクドリモドキの事例を考えてみよう。二〇一四年一一月二五日、クロムクドリモドキ一羽がニコライ村の学校付近で観察された。この鳥は翌日、ジョンの自宅にある乾燥小屋の中に迷い込んでいるのが見つかった。ジョンは懐中電灯を使って鳥の目をくらましながら、網を使ってクロムクドリモドキを捕獲することに成功した。ジョンはドラの義理の息子にあたり、彼がクロムクドリモドキを捕まえようとしたのは、スティーブンやジミーと同じく、彼女を励ますことが目的であった。捕獲されたクロムクドリモドキはジョンの家で飼育されたあと、二〇一五年一月にドラの家の隣に住んでいるアンドリューの自宅に移送し、そこで冬の間飼育することとなった。高齢で活発に動くことができなくなっているドラに飼育の負担を与えることなく、捕獲したクロムクドリモドキと気軽に触れあえる環境をつく

図6－4　テーブルの上で採餌する「チャガ」

るための措置であった。このクロムクドリモドキは「チャガ」と名づけられた。「チャガ」とは村人の間で最近薬用茶の原料として使用されるようになったカバノアナタケのことであり、クロムクドリモドキがカバノアナタケの黒色と似た体色を有することが名前の由来となった。

飼育の初期段階においては、「チャガ」は市販の鳥かごの中を落ち着かない様子で行き来していた。次第に人々に慣れるにしたがって、とくにアンドリューの家では「チャガ」をかごから出し、自由に室内を飛び回らせていた。ドラによれば、クロムクドリモドキは湖や川の近くに住む鳥であり、昆虫、小魚、種子などを食べているのを見かけたことがあった。当初飼育したジョンの家ではバードシード（鳥用のヒエなど）が与えられていた。アンドリューの家ではサラミやクラッカー、バターを塗った食パン、チョコレートミルクといった油脂分を含む食べ物が「チャガ」に与えられていた。これらの食べ物に対して「チャガ」の反応が良いことから継続的になされるようになった。「チャガ」がジョン宅の燻製小屋に迷い込んだ理由としては、燻製小屋の中には魚肉や獣肉のかけらが落ちており、それに引き寄せられたのだと考えられる。

「チャガ」がかごから出され、アンドリュー宅内を飛び回る際には家族が食事をする机の上で食パンの切れ端やクラッカーの残りかすをつつき、採餌する姿が頻繁に認められた（図6－4）。アンドリューの家では「チャガ」がかごの外で採餌するのをとくに制止することなく、むしろ、「チャガ」が自由に動き回るさまを楽しんでいた。「チャガ」は新しい環境に適応し、机上で採餌する鳥になったのである。

しかし、「チャガ」は二〇一五年四月に突然死んでしまう。ドラは「チャガ」がもともと高齢の個体で渡りをする力が残っていなかったから残留したのではないかと推測した。「チャガ」が死んだため、春におこなう予定であった放鳥は実施できなくなったが、アンドリュー、ジョン、ドラおよび彼らの家を訪問する人々は彼らが春になれば「チャガ」を野に放つことを当然のこととして考えていた。

野鳥とのドムス・シェアリング

ここまで事例①～③で論じた、野鳥―人間―生活空間の関わりを、従来の「ドメスティケーション」ではなく、「ドムス・シェアリング」（ドムスの共有）と呼んでみたい。ドムス・シェアリングは、人間―動物―ドムスの三者の中で創発する関係性である。その中でも、キャンプ地や屋内を含む人間の生活空間が野生動物との間で共有されることに着目している。ドムス・シェアリングとは、「人間の生活空間（＝ドムス）を動物が利用できるように調整するための一連の諸実践と態度」を指すと定義しておく。

野鳥とのドムス・シェアリングを考える上で重要となるのが、内陸アラスカでは解氷／結氷のリズムにあわせて、さまざまな生物が移動してきたことであり、それは繁殖と大きく関わっている。本章に登場した夏鳥がアラスカに渡りをする理由は繁殖のためである。本章の冒頭でも示したように、ドメスティケーションは動物種の繁殖（再生産）の管理をともなうものとする定義がある[23]。この定義に基づいて考えると、①〜③ともにそれぞれ異なる程度で動物個体の馴致が進んでいるが、繁殖の管理を積極的におこなっているようには思われない。①の場合、野鳥があくまでも自分の意志で人間の家屋内に入るし、②の場合、屋内での飼育はあくまでも繁殖期から外れる秋から冬の時期に限られている。③の場合でも、デギタンのように捕獲した野鳥をつがいで飼うことを禁忌とし、繁殖に介入することを積極的に禁止しているし、人慣れした個体が秋に他の仲間とともに南に渡って行ったり、食料の確保が難しくて飼えなくなったら放鳥したりする例があることからもわかるように飼育期間もそこまで長いものではない場合が多いと考えられる。そのため、①〜③は動物個体の馴致をともなうが、必ずしも繁殖の管理につながらない実践であると言え、繁殖の管理をともなうことに着目する従来の「ドメスティケーション」との違いがある。

この論点をさらに掘り下げて考えてみると、他種の遊動性と自発性への配慮をキーワードとして挙げることができる。本章で論じた①と③の事例の多くでは、人慣れした野鳥はみずからの意志で人間のもとを訪問したり、そこにとどまっていたりした一方、渡りの時期になると他の仲間とともに南に渡っていくこともあった。②の場合、とくにディチナニクに顕著であるが、捕獲対象となるのは「残り鳥」として生存に必要な遊動性を失った個体のみであった。加えて、そのような遊動性を失った「残り鳥」であっても、アンドリューの家で保護されていたときのように、かごから頻繁に出され、家の中で自由に飛び回り、テーブル上で採餌することが許されていた。

気温が高く、積雪もない解氷期には人間と動物が共有するドムスは屋内のみにとどまらず、家の近くにある燻製小屋や近辺の野外にまで広がっていると考えられる。そのような状態のときには野鳥はみずからの意志で人間のドムスに出たり入ったりすることができ、人間は餌でおびき寄せることはするが、野鳥が出入りするのを妨げることはない。しかし、気温が下がり、根雪があるようになると夏鳥にとって、野外は生存に適した場所ではなくなってしまう。人間にとっても屋内で過ごす時間が増えてくる。野外では根雪のために餌を採ることができない夏鳥が生存できるように、暖かい空間と食物（餌）がシェアされる。夏鳥の様子を見ることで人々の心もなごみ、夏鳥は刹那的な伴侶として同居する人々と生活をともにする。

逆に言えば、遊動性が生存の鍵を握るような生態系において、行くべきところにたどりつけないことは死を意味する。だからこそ、まだ渡るチャンスを逸していない夏鳥には介入しすぎないように試みる一方で、「残り鳥」は保護するか殺すかの二択が正しい選択だと考えられる。遊動性を失い、目的地にたどりつけない存在は、苦しみながら飢え死にすることとなる（例：「残り鳥」となったミヤマシトド）。ディチナニクの人々はそのように苦しむ「残り鳥」を見かねて保護してきた。

次に着目したいのが生業との関わりである。内陸デナイナの事例では、野鳥が魚の乾燥作業中に寄って来る虫を目当てに燻製小屋に入ってくるので、子どもがかご罠を仕掛けて、そのような野鳥を捕まえていたとされる。[24] ここからわかるのは、燻製小屋には野鳥が入れるくらいのすき間が開けられていたことである。①で紹介した野鳥の餌づけの事例も、家の中だけでなく燻製小屋の中でもおこなわれていた。また、実際にジョンが「残り鳥」のクロムクドリモドキを捕獲したのは、燻製小屋の中であった。人々の「ドムス」に燻製小屋という魚や獣肉が集まる場所があることで、それが野鳥にとっての魅力的な採餌場所となっていることがわかる。

また、③の事例としてワタリガラスやガンが飼育され、獲物を見つけるのを補助したり、人間を危険な動物の接近から守ったりする役割を担う場合があった。この事例を考える上で興味深いのは、飼育をともなわないような野鳥との関係性においても同じような役割が野鳥に期待されていることだ。

ディチナニクの人々によれば、狩猟に行く朝にオオモズの鳴き声を聞くと、その日の狩猟が成功すると考えられている。この俗信を踏まえ、ジョッシュ・ニコライはオオモズがヘラジカの居場所を自分に教えてくれたと語った。その話によれば、森の中でオオモズは猟師の目の前に止まって、騒がしく鳴いていた。それを何らかの知らせと考えたジョッシュは、オオモズが飛び去った方向に向かうと、すぐに雄のヘラジカを見つける。解体のあと、その猟師は、少量のヘラジカの脂肪を木に刺してそのオオモズが食べることができるようにした。この例では、オオモズの行動を猟師が何らかの知らせと理解して、狩猟が成功したことから返礼がなされている。

また、クスコクウィム川上流域出身のグレーシー・ホーンバーグ[25]は、ワタリガラスに餌を与えると、そのカラスは餌を与えた人の匂いを覚えて、森で危険な動物がその人に接近しているときに知らせてくれるのだという。グレーシーは、彼女が親しかった古老から聞いて以来、ワタリガラスに餌を欠かさず与えている。実際に、彼女はベリー摘みの際に大きなクマの接近をカラスが教えてくれたという経験から、知人にもカラスに餌をやることを薦めていた。

ジョッシュとグレーシーの事例は、どちらも人間と野鳥が食物を共有することを介した互酬的な関係性を実践するという考え方に基づいている。ジョッシュの場合は一回的な関係であり、グレーシーの場合、彼女の主張に寄り添って考えれば餌をもらったワタリガラスがグレーシーとの間に継続的な関係を築いていることになる。③で論じたような飼育関係を含む「ドムス・シェアリング」は、ジョッシュとグレーシーの事例のような食物の共有からなる野鳥との互酬的な関係性に加えて、生活空間（ドムス）の共有もおこなうことでより関係性が緊密になったものと考えることができる。

ドムス・シェアリングとドメスティケーション

本章では、ディチナニクをはじめとする内陸アラスカ先住民の事例をもとに「ドムス・シェアリング」の考え方を紹介してきた。「ドメスティケーション」はいわば「ドムス化」であり、繁殖の管理とともに、人間の生活空間への組み込みがおこなわれる場合が多いのに対して、「ドムス・シェアリング」はこの組み込みの度合いが弱かったり、一時的であったりする。ドムス・シェアリングのシェアリングであり、人間も野鳥も互いに互いを束縛する部分が相対的に少ないことに特徴がある。生活空間飼育者にとって野鳥の飼育が負担になった場合、速やかに放鳥がなされるという事例もあれば、餌付けされた個体が屋内や家の周辺を自由に移動するという事例もあった。「残り鳥」の一時的保護の事例にしても、とくにディチナニクの場合、人間による介入がなければ生存が危ぶまれるときにのみ捕獲がおこなわれていた。その名の通り、「ドムス・シェアリング」はシェアリングの一形態であり、ドムスを媒介として、人間も野鳥も互いに無理をせず、他種への強制を最小限にとどめながら適度な距離で付きあう状況を描いている。[26]

ここでドムス・シェアリングは、ティム・インゴルドが提起した、信頼と支配の関係性の議論と接続することを確認しておこう。インゴルドは、狩猟採集民が他の人間や非人間と関係を築く際には「信頼」が規範となるのに対して、牧畜民は他の人間や非人間と「支配」の関係を築くと主張した。[27]インゴルドの解釈は、貧しい技術の段階にとどまった野蛮な人々という狩猟採集民観を逆転させることを狙ったものであったが、後進の研究者によって、牧畜民に対する一面的な理解にとどまっているのではないかという批判がなされた。[28]この批判に関しては私も首肯するが、他の人間や非人間に関する狩猟採集民の態度が、シェアリングの実践に代表されるような「信頼」の関係を基盤に置いているというインゴルドの指摘については傾聴に値する部分があると考える。[29]インゴルドによれば、信頼は「私がその行為に依存しているが私にとっては決してコントロールできないような他者が私の期待に反してふるまうというリスクの要素を常にともなっている」。[30]つまり、インゴルドの枠組みに従えば、狩猟採集民は他者／他種に対するコントロールをできるかぎり避けることで、その存在のエージェンシー（行為主体性）が最大限に維持されるように努めていると考えることができる。[31]

この点は、ドメスティケーションにおける「野生性の保持」を扱った卯田宗平の議論とも通底する部分がある。[32]冒頭でも言及したステパノフとヴィーニュは「ドメスティケーションの周辺」に着目しており、本章で提案する「ドムス・シェアリング」の考え方も彼らの研究に端を発していたが、卯田もまた

同様にドメスティケーションの周辺からドメスティケーショ
ンを再考しようとしている。ドメスティケーション論におい
て、その語がカバーする範囲の周辺（および外部）の領域も
含めて再考しようとする動きが生じているのは興味深い。

本章で改めて指摘したいのは、内陸アラスカの事例を考える上では人間―動物の二者で捉えるのではなく、「ドムス」という媒介を常に念頭に置いて分析を進めていく必要があることだ。そのドムスをどう考えるかであるが、家屋に限ってみても、人間が居住する家だけではなく、燻製小屋もその一部として捉えることができる。燻製小屋は、獲ったサケなどの魚を燻製し、保存するためにあるが、その性質上、魚の干物に卵を産みつけようとするハエや魚を餌とするハチの類が誘引されやすいし、冬にも干し肉や干し魚の破片が地面に落ちていることがある。つまり、野鳥にとっての採餌場になりやすい環境である。餌をまいて野鳥をおびき寄せる際に燻製小屋が使われたり、クロムクドリモドキの「残り鳥」が燻製小屋の中で捕獲されたりするように、燻製小屋は人間と野鳥が遭遇するドムスの一部である。本章では、「ドムス」を広い意味で捉えて検討したが、「家」の意味のみに限定せずに考えていくことが肝要だ。

また、解氷期と結氷期の間で人間と動物が共有する「ドムス」の様相が変わってしまうことが、ドム

図6－5　マスノスケの燻製づくり

スを意識しながら分析するべき理由として挙げられる。「残り鳥」は通常の結氷期には野外で十分に生存することができないからこそ、かご罠で捕獲して人間の生活空間に位置づける必要がある。「残り鳥」の捕獲が始まるのは、基本的にはその年の解氷期の中で初めて積雪があってからになる（大体一〇月頃）が、このことは「残り鳥」がドムスとしての土地との関わりの中で創発することを示している。他方で、高齢者を中心に屋内で過ごす時間が増える中で、「残り鳥」はディチナニクの人々の「良き連れあい」となる。

しかし、解氷期と結氷期の間にある違いのみならず、そもそも気候変動によって、人間と動物が共有する生活空間としてのドムスが変貌してしまうかもしれない。「残り鳥」のミヤマシトドは、気候変動の影響で降雪量が少なかったシーズンには物置小屋を利用して、一月までしぶとく生きのびていた。このミヤマシトドは、人間の村の中に新しい「ドムス」を見出して、気候変動に揺れる内陸アラスカを生きのびようとしていた。今後、気候変動が内陸アラスカの自然環境を大きく変えていくことが想定される中で、「残り鳥」をめぐる状況は変化する可能性を有している。

最後に、ドムス・シェアリングの議論は、ドメスティケーションの起源を考えていく上での間接的な手がかりとなる可能性についても触れておきたい。本章では、①野鳥の餌づけと生活空間の共有、②南に渡り損ねた夏鳥の一時的な保護、③野鳥（とくに幼鳥から）の飼育という三点に分けて、内陸アラスカでの事例を分析した。①から③へと進むにつれて、野鳥の身体に介入する度合いが増えていくが、興味深いのは、③の野鳥の飼育がなされる場合、人間が飼育している野鳥に期待することと人間が飼育下にはない野鳥に期待することがほぼ同じであることだ。内陸デナイナの事例によれば、ガンやワタリガラスなどの野鳥が飼育され、訓練を受けて、人間のために獲物を探したり、危険な動物から人間を守ったりしていた。これらの役割は、ディチナニクの事例から明らかにしたように、人間の飼育下にない野鳥との関わりにおいて、人間が野鳥に期待することと同じである。人間の飼育下にない野鳥と人間との関わりが始まるのは、食物の互酬的なやり取りがきっかけとされており、野鳥との関係性をより安定的なものとするために生活空間＝ドムスのシェアリングが生じていったと言えるかもしれない。ドメスティケーションの周辺からドメスティケーションを考えていく際に、再生産の管理はおこなわないが、（一時的な）馴致が生じる「ドムス・シェアリング」を一つの手がかりとして考えることもできる。私としては、内陸アラスカの事例を「ドメスティケーション未満」として捉えるよりも、「ドムス・シェアリング」という彼ら自身の実践として考えたいと思っているが、この実践とドメスティケーションの起源との関わりについては今後の課題としておきたい。

第7章　カリブーの毛には青い炎がある
——デネの共異身体をめぐって

北方アサバスカンの身体

第2章で述べたように、ダニエルとともにベリー摘みに出かけたフィールドワークの経験は、人間の集団内での参与観察をするのにとどまらず、調査者自身がいかに森の中にいるさまざまな存在との身体的な交渉に開かれていくべきかという問いを私に投げかけた。ここでもう一つの疑問が生じる。そもそも、ダニエルのような北方アサバスカンの人々は、人間以外の諸存在との関わりにおいてどのような身体を生きているのだろうか。本章では、奥野克巳の「共異体」論と箭内匡が提起する「社会身体」概念を手がかりとしながら、北方アサバスカン——民族自称から「デネ」とも呼ばれる——の身体を考える。[1]

先に結論から言ってしまえば、デネの身体は、「モノ（ノケ）＝対象」として体内に住まう主体を含むこともあれば、人間的な身体の外側にある「個体」に見えるものがじつは人間との間で血肉を共有している場合もある。ときには、一人の「人間＝デネ」を維持するためにありとあらゆる人物たち（の諸断片）が動員されることもあるだろう。

現代人類学において、これまでの鍵概念であった「文化」や「社会」に必ずしも基づかないような研究のあり方が模索されるようになった。奥野が研究するマルチスピーシーズ民族誌も箭内が提唱するイメージの人類学も、大局としてはこのような流れに位置づけられるものだ。管見では、マルチスピーシーズ民族誌は「二〇一〇年代以降の実験的民族誌」を目指すものであり、さまざまなアプローチを試行錯誤する途上にある（第1章参照）。その探索を進める上で新しい概念を生み出し、民族誌的な検討のもとで鍛え上げていくことが求められている。本章で言及する「共異体」は、マルチスピーシーズ民族誌にとって、かつての社会学にとっての「ゲマインシャフト」と「ゲゼルシャフト」のような基盤的なタームに発展する潜在性を秘めているが、より一層磨きをかける必要があるだろう。本章はそのような目的に資するためのささやかな試みである。

これに関連して、現代人類学における「人間」観は、精神や理性を基点に眼前に広がる世界を一望に綜合するコギト的主体としての「人間存在」から、森羅万象との関係性のさなかで今ここに立ち現れつつあるものとしての「人間生成」へと変貌してきたと言われている[2]。将棋の電王戦における棋士と将棋ソフトの邂逅を描いた久保明教の研究からもわかるように、このような人間観の変化は先端的なテクノロジーの現場から生じている波紋だとまずは言える。しかし、久保は、アマゾン先住民研究者のE・ヴィヴェイロス・デ・カストロによるカニバリズム論を踏まえ、「他者の視点からみずからを捉え、自己を他者として作り上げるための営為」としてカニバリズムを理解した上で、現代社会では人間が機械を相手にカニバリズム的実践をおこなっていると解釈する。[3] 現代将棋の棋士たちは、人間とは大きく違う身体＝視点に基づいて将棋を実践する将棋ソフトと対峙する経験を積み重ねながら、これまでの定石とは異なるさまざまな実践を編み出しつつあるが、その姿は「諸自己の生態学」の一部として自己をたくみに変化させながら生存を続けるアマゾン先住民の世界と地続きのものとして読める。[4]

先住民の人々から学ぶ者としては、現代の先端的テクノロジーの世界が数百年の時を経て先住民の世界とも通底する「人間」観で語られるようになったことを興味深く思うが、このことはこれまでの「伝統社会」に関する民族誌を現代人類学の理論をもとに再検討することの意義を改めて示しているとも言える。本章では、先行研究や私自身の調査を踏まえて、これまで紹介してきたディチナニクの人々だけではなく、同じく北方アサバスカンに属するグィッチンやドゥニーザの人々についても言及する。

共異体と社会身体

奥野克巳は、動物写真家の岩合光昭と被写体であるネコたちとの関わりを論じる際、「共異体」という概念に触れている。「共異体」は、もともと哲学者の小倉紀蔵によって提唱され、韓国・中国・日本が異なる文化的背景を有しながら共存してきた歴史的な状況を表現するために用いられていたが、芸術人類学者の石倉敏明やキュレーターの服部浩之らが「異なる専門性を持つもの同士が制作的実践を共有する」あり方として「共異体的協働」を考案・実践した。[5] 奥野は、石倉から「共異体」について聞き、マルチスピーシーズ研究の記述概念として利用することを思いついた。[6] マルチスピーシーズ研究の文脈における「共異体」は、同質的な属性を有する人間存在の集合をイメージさせる「共同体」に対して、異種との関わりを前提にして初めて「人間」の集合体が生成しうることを示唆するものだ。

私は、「共異体」論を箭内匡による「社会身体」概念と接続してみたい。「社会身体」はホッブズ的な「政治身体」に対する語であり、「社会的なるもの」としての身体、つまり、他者との相互行為に開かれたものとしての身体を考える試みだと言える。しかも、箭内によれば、「社会身体」は人間同士のやり取りのみならず、ジャガーといった人ならざる存在との交渉も含まれるものとして構想されている。[7]

箭内の「社会身体」論に接して想起したのが、パナマ先住民エンベラの身体装飾について論じた近藤宏の研究である。[8]近藤は、「オンブリガード」と呼ばれるエンベラの人々の実践について論じているが、これは動物の骨や目玉、もしくは植物をすりつぶし、染料として使われるジェニパ（アカネ科の実）と混ぜあわせて皮膚に塗りこむことを意味する。こうすることでその動植物が持つ力を手に入れることができると言われている。近藤によれば、「オンブリガード」は「情態や質の束としての動物・植物的身体をほどき、特定の質や力能を取りだし、それを人間に組み入れることによって、情態や質の束としての人間的身体を再編する試み」である。[9]エンベラの人々による「オンブリガード」は、望ましい人間身体を生成させる上では動植物という他性を要するという点で「多自然主義」的な「社会身体」のあり方を例証していると言える。

本章は、奥野と箭内の議論を踏まえて「共異身体」概念[10]を提起したい。この造語は身体を人間と人間ならざるものの関係性から生成されるものとして捉える点では「社会身体」と似るが、身体がはらむ被傷性ゆえにその統治は多種のパフォーマティヴな実践に開かれていることにより注目したものとなっている。身体はそもそも「共異体」であり、うまく「人間身体」が立ち上がることもあれば、ばらばらな主体に引き裂かれたものとして創発することもある。シベリアの狩猟民ユカギールの狩猟実践を研究したレーン・ウィラースレフの議論を踏まえて言えば、人間性は所与の前提ではない。人間としての身体=視点は、異人として狩猟者の前に姿を現すヘラジカやみずからの体内に潜む補助霊、その他諸々の存在と対峙するなかで常に脅かされながらも、不断の努力によってかろうじて保たれているものであると言える。[11]「共異身体」とは、さまざまなアクターによる統治の対象としてある特定の自己に数多なる他性が取り込まれたり、溶解されきらなかった他性がふと自己内の他者として浮上したりするような状況下で、常にずれを含み込みながら反復される(ことを目指す)ハビトゥスとして考えることができる。

サイボーグ・インディアン

じつは私が調査している内陸アラスカ先住民ディチナニクの人々の間でも、動植物の力能を人間に帯びさせるための実践がおこなわれてきた。しかし、そのおもな対象は子どもであり、動植物の部位を塗り込むのではなく、衣服や身体の傍で身に着けることでなされる。カラフトライチョウの嘴《くちばし》は、それを身につけた子どもを良いベリーの摘み手にすると言われており、ハリモミライチョウの足は子どもが雪の中で素早く動けるようにしてくれるお守りである。キツツキの嘴は、薪に適した枯れ木を見つけたり、斧で薪を割るのをうまくしたりしてくれる。ハイイログマの骨は、身に着けた人を強くするが、同時に意地悪な人にしてしまうかもしれない。

興味深いことにこのようなお守りが身に着けられるのは子ども時代のみであり、ジェンダー認知の発達とも関連していると考えられる。たとえば、ニコライ家では祖母アイリーン・ニコライがビーズで飾り付けられたヘラジカ革製リストバンドを孫のジョッシュ・ニコライ・ジュニアのためにつくり、その中には、キツツキの嘴が縫い込まれていた。また、イーサイ家でも曾祖母ポーリーン・イーサイが孫のブランドン・イーサイのためにライチョウの足を靴ひもに縫い付けていたが、そのようなお守りをもらったのは男児のみで女児はもらわなかった。現在、薪の採取はモーターボートとチェーンソーを使うため、おもに男性の仕事であり、雪の中で素早く動くことが必要なのはおもに冬季の狩猟に出かける男性であることを考えると、動物種の異なる力能は男女の領域区分を生み出すのにも用いられていると言える。

また、動物の部位ではないが、ヤナギやバルサムポプラの枝を縫いこんだ首輪を子犬につけると、ヘラジカ猟のときに役立つ良い猟犬になると考えられている。ヤナギやバルサムポプラはヘラジカが好んで食べるものであり、そのような植物を身体に帯びることでヘラジカに好かれるようになることが期待されている。この植物を用いた方法は、ヒトの子どもに対しておこなうのが明示的に禁止されているわけではないが、ヒトに対しておこなわれた例を知らない。

これらの例を敷衍させれば、ディチナニク社会にはすでにあらかじめ決定されたものとしての女も男も犬もいない。周囲の人間と人間ならざるものとの「触れあい」を通して、人間身体に動植物の部位を接ぎ木したサイボーグとして(ディチナニク社会において望ましいとされる)「女」に「男」に「犬」になるのだ。そして、そのような生成は、子どもの頃からのハビトゥス形成——カラフトライチョウのようにベリーを摘み、キツツキのように熱心に木と対峙することを常に目標としながら――を通して初めて達成される。動物の部位を身に着けることは、大人になってからはある例外を除いておこなわれなくなるが、それは子どもの頃の方が身体の可塑性が高いと考えられていることを示している。

　しかし、異種が持つ属性は大人になってからでも獲得できる場合があるし、むしろ、望ましくない属性を身に着けないように配慮する必要も生じる。ディチナニクの古老イグナチ・ペトロスカが語るには、昔の狩猟者は狩ったクマの舌骨を常に持ち歩いていた。こうすることでクマに襲われるのを防ぐことができる。これは、右記の動物部位に関する実践と重ねて考えれば、クマの身体部位を持つことでクマと（部分的に）同化し、クマから同じ「たぐい」の者としてみなされることを目指す実践である。今ではもうおこなわれていないが、敵の呪術師を殺した者はその肉を少量でも食べることで呪術師の死霊から呪術的な報復を受けなくなると言われていたし、近隣に住むコユーコン人の間では、毛むくじゃらで長い爪を持つ野人「ネドロン」を殺した者もその肝臓を食べることで死を免れることができるとされていた。[12] これらの事例は、他者の肉をみずからの血肉とすることで自己と他者の境界が揺らぐという考え方によって説明できるだろう。

　似たような考え方が動物の肉をめぐっても展開される。ドールシープの肉を食べると喉が渇くとされているが、それはドールシープが山奥に住み、植物の露をなめて水分を得ているからである。ヤマアラシの尻尾を食べると意地悪な人間になると言われているが、それはヤマアラシが身を守るために針がたくさんついた尻尾を振り回す習性があるからだ。私は寄宿していた家の近くで見つけたヤマアラシをみずから狩猟したことがあるが、太い木の棒を振りかぶった私めがけてヤマアラシが尻尾を振り回してのっそのっそとやってきたのが今でも目に焼き付いている（第2章を参照のこと）。ヤマアラシの尻尾以外の部位は好んで食べられるが、尻尾は基本的には食用とみなされない。私たちはついつい動物の肉をタンパク質の塊としてみなしてしまうが、ディチナニクの伝統的な考え方に従えば、動物の肉はその動物らしいハビトゥスを構成するサブスタンス（身体構成要素）である。

カリブーの民とオーロラ

ディチナニクと同じく北方アサバスカンの一集団であるグィッチンは、「カリブーの民」を自認してきた。彼らはアラスカ北部からカナダ北西部にかけて伝統的生活圏を有しており、一九八八年、北極圏国立野生生物保護区における石油・天然ガスの開発計画が持ち上がるとカリブー（野生トナカイ）の繁殖地に対する影響を懸念して、この開発計画に対する反対運動を精力的に展開してきた。[13]「カリブーの民」をめぐる一連の言説は、石油＝金に目がくらむ「白人」に対してアラスカの大地での生活を守ることを至上命題とする「先住民」の利害対立として描かれてきた。だが、私はグィッチンの古老ケネス・フランクと交流を深めるにつれて、彼らが語る「カリブーの民」を「白人」と「先住民」の政治的対立という枠組みに回収されないような形で思考することも重要なのではないかと思うようになった。ここでは、動物の肉による身体構築という観点から、「カリブーの民」という言葉の意味を考えてみたい。

まずは、ケネスが言う「カリブーの民」は、グィッチン全体のことでもあるが、アークティックビレッジというグィッチン集落をとくに指す場合もあることを指摘しておこう。グィッチンの人々は、アークティックビレッジではカリブー、スティーブンズビレッジではマスノスケといったように、それぞれの集落ごとに「特産品」のようなものを認識している。グィッチンの人々の間ではそれぞれの集落から「特産品」が持ち込まれ、分配されてきた。[14]

しかし、ケネスによれば、それぞれの集落では特定の生物種がよく獲れるというだけではなく、人々のふるまいもその生物種に似る。アークティックビレッジの人々は、笑い方がカリブーのように後ろにのけぞることがある（私には少しイメージしづらい笑い方であるが）。チャルキーツィックの人々はビーバーに似ている……云々。肉の分配と共食によって「グィッチン」という人間集団内の類似性は担保されるが、それぞれの集落ごとの身体の差はどの「特産品」を頻繁に食べるかによって左右されるということだ。

「カリブーの民」という言葉が持つ意味をさらに深く理解する上では、カリブー猟の現場での実践に着目する必要がある。二〇一二年秋、私はケネスの家族とともにアークティックビレッジ付近の丘にカリブー猟に出かけた。私たちは丘の中腹で野営し、カリブーが近くにやってくるのを待ち伏せしていた。日中はホッキョクジリスの罠かけをして食料を調達しながら、夜にはたき火を囲んで団欒するのが日課であった。その際、話題は時折オーロラのことに及んだ。グィッチンの人々にとってオーロラは先祖の霊魂が踊る姿であるとされる。先祖の霊魂としてのオーロラは、人間（生者）の活動に反応すると言われており、ケネスたちはフライパンを太鼓の代わりに叩きながら先祖から伝わる歌をうたって、エメラルドグリーンの輝きを放つオーロラが揺れ動くのをつぶさに観察していた。[15] オーロラが丘の頂上付近、私たちから見て左手の稜線にかかり活発に踊り始めると、ケネスは「オーロラがカリブーの居場所を教えてくれる。明日はあのあたりに行ってみよう」とつぶやいた。

私はケネスの言葉を聞いて、オーロラ＝先祖が上空からカリブーの居場所を示して、人間を助けてくれているということだと理解した。カリブーをめぐる生者と死者の共同狩猟である。しかし、後日、私はその考えが誤りであるかもしれないことに気づかされた。二〇一八年の夏、私は北海道大学での国際シンポジウムにケネス夫妻を招いた。気候変動のさなかにある北極域の先住民社会の現状を考える催しであったが、昼食休憩中に鶏の唐揚げを食べながらケネスが語ったことは印象的であった。「カリブーの毛には青い炎がある。カリブーの毛皮をこすると青い炎が出てくるんだ。俺たちと一緒にカリブー猟に行ったのを覚えているかい？　カリブーが山の中での寒い冬を乗り切れるのはこの炎があるからなんだ。カリブーはオーロラから青い炎をもらって、冬を越すための熱源にしている。だから、カリブーはオーロラが活発になるとそこに寄ってくるのさ」。どうやら先祖＝オーロラがカリブーの位置を示しているというよりも、カリブーの方から熱源を求めてオーロラに近寄っているらしい。八月末の北アラスカはすでに東京の晩秋ほどの寒さである。私たちは焚火で手ごろな大きさの石をあぶり、タオルで包み、夜寝る際の湯たんぽ代わりにしていたが、なるほどカリブーも生きのびるためのぬくもりを欲しているのだという。カリブーも人間も（おそらく天上のオーロラ＝先祖も）、ぬくもりの共異体を生きている。

ここまでの議論を整理してみよう。グィッチンの人々は太古の昔からカリブーを狩猟してきた。彼らはカリブーの肉を食べ続けることで、「デネ＝人々」としてのアイデンティティを保ちながら、カリブーと身体性を幾分ながらも共有するようになったと言える。グィッチンの人々は、神話時代には彼らとカリブーが心臓を分かちあっていたと言うが、それはこの経緯を表現するものだ。グィッチンの人々は死去すると、オーロラの集合的人格の中に取り込まれる。オーロラはいわば「祖霊」である。祖霊としてのオーロラは、生者の呼びかけに応じて明滅を繰り返す。生者と死者の交感がカリブーの生きる糧となる。他方で、死者から生きるエネルギーをもらったカリブーを狩ることで生者は命をつなぐ。ぬくもりの共異身体を考える上で身体の境界性をどう理解するかは重要な問いである。「生者」も「死者」も「動物」もすべて個々の身体を有するように見える。むしろ、そう仮定しない限り、天上に踊る死者のぬくもりを求めるカリブーの欲望を理解できないし、勇敢な戦士であったとされる曽祖父の歌をケネスがうたったときに動揺したオーロラの情動にも迫ることができない。

この事例を理解する上で大事なのは、以下のような視点である。複数者を切り分けた上で交わらせる「相互作用（interaction）」（三＋n者）と複数者の生成過程を問う「内的作用（intra-action）」（一者以上二者未満）は概念的には区別されるべきであるが、実際の事例を分析する上ではそれらは必ずしも相互に排他的ではない。私たちは「相互作用」と「内的作用」の間にある「部分的なつながり」に目を向けるべきであり、この事例では両者が入れ子状の関係性を築いている点が興味深い。生者（グィッチン）―死者（オーロラ）―動物（カリブー）は、「三者」と言うにはあまりにも互いに互いを包摂してしまっているが、これらが交感を通じてパフォーマティヴに（および、一時的に）身体化されるからこそ、この循環は成り立つのである。

生者―死者―動物は切り分けられないような「絡まりあい」を築いているが、この「絡まりあい」が循環として機能するためには「個体」同士の「相互作用」に限りなく近い状態が必要となる。グィッチンの呼びかけに対して、オーロラ＝祖霊が応答し、青い炎を燃え上がらせるからこそ、カリブーはオーロラに接近し命をつなぐことができる。この相互行為があって初めて、グィッチンもカリブーを仕留め、生きる糧を得ることができるのだ。そして、グィッチンが生存を続けることで、オーロラ＝祖霊の天上での踊りもとこしえに続いていく。切り分けられない「絡まりあい」の中でかろうじて「三者」の個体に近い状態で「相互作用」が見出されるのは、それらがコミュニケートしている瞬間（のみ）である。

巨大動物と超自我

次に、神話に語られる巨大動物と夢の中で対峙し、それを殺すことで補助霊を手に入れるカナダ南西部に住む北方アサバスカンの一集団ドゥニーザの事例を紹介しておきたい。

人類学者ロビン・リディントンによれば、ドゥニーザの人々（おもに男性）は思春期に一人野外で時間を過ごし、補助霊の到来を待つヴィジョンクエストという習慣を有していた。疲労と空腹の中で補助霊の到来を願う若者が眠りにつくと、神話で描かれる巨大動物が姿を現す。この巨大動物は、人間を「獲物＝シカ」のたぐいと見ており、人間を襲って食べる天敵とされる。神話では、英雄が巨大動物に打ち勝ち、現在の動物の姿に変えることで「人間」が狩られる側から狩る側に移行するという秩序が打ち立てられる。ヴィジョンクエストでは、神話を個人的な経験として生き直す際、巨大動物を倒した若者は補助霊としてその動物を使役することができるようになるとされる。[16] 補助霊の性質について、ヴィジョンクエストの習慣を有する近隣集団のヘアー・インディアンの事例では、所有者に獲物のありかを教えるかと思いきや、からかっているだけだと言うこともある両義的な存在であるとされる。[17] シベリア狩猟民のユカギールの場合、補助霊であるアイビは動物霊ではなく、生まれ変わった先祖であるとされるが、獲った動物の血と脂肪を要求したり、狩猟の際に身体の自由を奪い、つまずかせることもあったりする行為主体という点では似ている部分も多いように思われる。[18]

北米の事例に戻ろう。北方アサバスカン集団では、神話は生きるための知恵を含んでいるとされる。だからこそ、人々は「物語のように生きること」を理想とするのだ。[19] 古老は若者に助言を求められると神話を語って回答とすることさえある。北方アサバスカンの人々は「個人主義」的であると言われてきた（第2章を参照のこと）。それは、他人から指図されることを嫌い、みずから試行錯誤を繰り返しながら、（夢見を含む）みずからの身体的経験を最も信頼できる知識の源泉として生きるようなあり方を指す。各自がバラバラなようでいて、「社会」と呼べるものが成り立つのは、幾世代にもわたって口承されてきた物語が人々の「社会身体」に彫り込まれているからである。いわば「デネ＝人々」にとって、物語はフロイトの言う「超自我」に似た何かである。ただし、この「超自我」は四六時中自我を監視し罰するのではなく、北方アサバスカンの対人理論から考えるに「嫌なら勝手にすればよい。死ぬのは君だから」と果てしなく突き放すような性質のものだ。

ドゥニーザのヴィジョンクエストにおいて生じているのは、「社会身体」から「共異身体」が生まれる瞬間であると考えてみたい。「デネ＝人々」の子どもは、幼少期から聞いて親しんだ一連の神話群、ウサギなどの小動物を捕ることから始める狩猟経験、シャーマン同士の呪術合戦や呪いの噂、こうした諸々のものが身体に刻み込まれた状態でヴィジョンクエストに赴く。これらの経験が交差する場所として、ヴィジョンクエストはある。とりわけ自我理想として刻み込まれた神話が導き手となって、子どもは夢の中で神話の英雄と溶けあい、巨大動物を目の前にする。無数の経験が折り重なるなかで、個体的人生と物語の集合的人生の間にある境界が融解する。ヴィジョンクエストを経験した子どもは、個体的「人間」のアイデンティティを失いかけた状態にある。そのため、帰ってきたばかりの子どもは人語を忘れており、野営地の音や匂いを恐れ、野営地の周りをこそこそと徘徊する。年長者はそのような子どもを見つけたら、保護して、村に連れ帰らなければならない。[20] 個体的「人間」としてのアイデンティティを再び取り戻したとき、ドゥニーザの子どもは、己の傍らに補助霊を見出す。

哲学者の清水高志は、ジェイムズの経験論と近年のモノをめぐる哲学を結びつけて考察し、主体（サブジェクト）と客体／対象（オブジェクト）の二分法を所与のものとして想定するのではなく、「もろもろの経験と経験の連接からオブジェクトが生まれる」のだと指摘する。[21] 先行する経験と後発する経験の位置関係により、「主体」と「対象」があとから成立するということだ。[22] 清水の議論をマルチスピーシーズ民族誌に引きつけて読めば、ヴィジョンクエストとは、「経験と経験の連接から生まれるモノ（ノケ）」を見出す技法である。より詳しく言えば、それは、個体的人生の中に蓄積された無数の経験と物語的集合的人生が重なるときに生起する「オブジェクト＝異議を唱える＝モノ（ノケ）」と「ともに生きる」わざである。ヴィジョンクエストは、分離・移行（試練）・統合の三段階からなるファン・ヘネップ的通過儀礼の条件を満たすように思われるが、諸々の経験を蓄積し、成長を遂げてきた子どもの「社会身体」が補助霊との共棲に基づく大人の「共異身体」に変貌する儀礼であるとも言えるだろう。

ぬくもりの共異身体

ここまで、人間身体と動物部位のサイボーグとして構成されるディチナニク、生者―死者―動物の分かちがたい（一時的な）身体化を生きるグィッチン、個体的人生と物語の集合的人生の狭間でモノ（ノケ）を見出すドゥニーザといった事例から、「デネ＝人々」の「共異身体」のあり様について探ってきた。ディチナニクの事例では、一者をつくるために動員される膨大な他性に光を当て、グィッチンの事例では、みだりに分かちがたい身体を有する複数者が、交感を通じてパフォーマティヴに受肉されるダイナミクスを論じた。ドゥニーザの事例では、身体の偶発性を統御しつつ誘発するような通過儀礼の中で、社会身体に刻み込まれた諸々の経験が連接し、新しい人間主体とともに「対象＝モノ（ノケ）」が創発する過程を追った。「共異身体」とは、（人間と人間ならざるものの）身体を捨象せず、しかし、他性との遭遇に開かれたものとしてもあることを踏まえた表現である。本章の事例が示すのは、一者の中に死せる「異人」（人間ならざるもの）の諸断片が接ぎ木される例（ディチナニク）があるかと思えば、区画化された個体としての身体を超えて、大地と天上というユークリッド空間の分断をも超えて、部分的につながりあう身体を論じざるをえない例（グィッチン）もあるからだ[23]。

本章で提起した「共異身体」論は、マルチスピーシーズ民族誌における「共異体」の議論に「ぬくもり」の視点を取り入れるものであるとも考えられる。それは、「文化とパーソナリティ」学派以来、等閑視されがちであった「社会化」の議論を、「共異身体化」の過程として読み直す道にも開かれている。孫の成長を願う祖母の情愛が人間的身体と動物部位のサイボーグとして「デネ＝人々」をつくり、長老が寒さと飢えの極限状態で錯乱する若者を魔法の毛布で包み込み、生まれ落ちたばかりの守護霊とともに安眠にいざなう。そのとき、親しき者たちのぬくもりが他性に向きあう若き身体を育む。

さらに言えば、エメラルドグリーンに、紫に、真紅に、桃色に光るオーロラに群がるカリブーの欲望を理解するためには、天上に踊る死者が放つぬくもりに私たちは思いを馳せなければならない。獣は死者を求め、生者はその獣を狩り、喰らう。いつか死した者たちは、今度は天上から獣に生きる糧を与える。極北の原野に住まう者たちは、自身の尾を噛むウロボロスの蛇のように互いを食《は》み、ぬくもりの中に溶けあうことで生命をつなぐ。血肉がつくる円環は、生きようとする自己保存の意志と生きるためには他者との関わりが必要不可欠であるという一種の矛盾の間で今日も躍動を続けている。[24]

第8章　コウモリの身内
――環境文学と人類学から「交感」を考える

悪魔からロールモデルへ

私たちが新型コロナウイルス禍に足を踏み入れたばかりの二〇二〇年三月、人類学者のフレデリック・ケックは、「コウモリがいかにウイルスとともに何とか生きてきたかについて私たちが学ぶべきことは多い」と語っている。[1] 一九世紀のヨーロッパではコウモリは「中世の悪魔」と考えられていたが、二〇二〇年代を迎えた今、ウイルスとの「共生」というヒト社会の全地球的課題を考える際のロールモデルとしてさえ語られるようになった。

ケックの言葉を目にして、私はアボリジニ研究の泰斗デボラ・バード・ローズによるオオコウモリに関する論文を想起した。[2] ローズによれば、オオコウモリはヨーロッパ系の入植者から見れば、果樹園を荒らす害獣であったが、そもそもオオコウモリが果樹園で餌を求めるようになったのは、フトモモ科の植物や森の果実などのオオコウモリにとっての食物をもたらす森林が開発され、生息地がなくなってしまったからだ。[3]他方で彼女がよく知る北西準州・ヴィクトリア川周辺の地域に住むアボリジニの人々にとって、オオコウモリはドリーミングの神話的時代に登場する人物であり、一部の人々にとっては母系クランのトーテムであった。[4]ヨーロッパ系入植者から見れば、オオコウモリは「悪魔」のような存在――初めてオオコウモリに遭遇したイギリス人水夫は「悪魔のように黒く、翼を持っていた」と記した[5]――であっただろうが、アボリジニの一部の人々から見れば、先祖を共有する「身内」なのだ。

　コウモリが「身内」であるような生き方とはどういうことだろうか。本章では、アボリジニのトーテミズムの文脈から離れて、環境文学とマルチスピーシーズ民族誌が交差する領域としての「交感」論について考察を加えながらこの問いに取り組む。トマス・ネーゲルであれば、ヒトの身体を持つ者がコウモリにとってのコウモリであることを完全に把握することは不可能であるとまずは釘を刺すかもしれない。[6]私もネーゲルの意見に基本的には賛成である。しかし、重要なのは完全な理解をすることが不可能であったとしても、私たちは日常的な関与を通して「身内」について何らかの理解を持たないままにしておくことができないことだ。それがヒトにとってのオオコウモリであれ、ヒトにとってのヒトであれ。[7]

　関わりが「身内」をつくりだすと考えるのか、それとも「身内」であるから関わるのかという啐啄《そったく》同時の問題はおくとしても、身内は関わらざるをえないからこそ身内であり、関わらざるをえないのであればこそ、関わりを成り立たせるために何らかの理解が前提とされる。いや、むしろ、関わる中で瞬間的な理解の像が結び、その理解が新しい関わりを駆動すると言った方が正確かもしれない。関わりを持つことは、常に「相互チューニング」の始まりである。[8]この観点から考えれば、コウモリと「身内」であることとは、コウモリに関する正確な知識――それは誰／何にとっての知識か？――を有しているか否かで一律的に定められるものではなく、自身の身体をコウモリとの「相互チューニング」に開いていく覚悟とそのための身体技法を持つことである。このように考えると、コウモリを「身内」とすることとは、他種の他性を自己のうちに吸収しないようなやり方でコウモリのパースペクティヴに近づこうとする身体技法を指していると言いかえることができる。

目的としての「交感」と実用的な「交感」

それでは、私が妄想したコウモリと「身内」であることのような例は、他に見出すことができるのだろうか。よく知られた事例として、ユカギールの模倣狩猟を取り上げてみよう。シベリアの狩猟民ユカギールの人々は、狩りに出かける数日前、サウナで汗を流し、人間の臭いを消す。狩猟者は、夢の中で獲物の主である精霊にウォッカを贈り、みだらな気分にさせて同衾《どうきん》する。狩りに出かけるとき、狩猟者はヘラジカ革製の服とヘラジカの革を貼ったスキーを身に着け、ヘラジカが歩くような真似をする。[9] ヘラジカは、川の精霊の人格を宿しており、前夜の性的興奮の続きを求めて近づいてくる。ヘラジカは、ヘラジカの革を身に着けヘラジカのようにふるまう人間の狩猟者を仲間だと勘違いしており、そのすきに狩猟者は発砲してヘラジカを仕留める。

ここで重要なのは、ヘラジカと向きあうユカギールの狩猟者は、「動物でなく、動物でないわけでもない」状況を経験することだ。ヘラジカは自分の仲間として狩猟者を見ながら、狂おしい恋情に焦がれ

図8－1　ヘラジカを仕留めた狩猟者

るが、ユカギールの狩猟者もヘラジカと向きあっていることを常に頭の片隅に置きながら、美しい女の姿を目にし、「あなたの手を取り、私たちの住まいにご案内しましょう」という誘いの言葉を耳にする。[10] ヘラジカを狩ることは、自身を半分ヘラジカ＝精霊の「恋人」として想像しながら、最後の一歩で踏みとどまり人間の狩猟者としての自己を取り戻すことによって初めて成立する。

山田悠介や奥野克巳は、ユカギールの模倣狩猟に関するウィラースレフの分析を環境文学の「交感」論と接続させる試みをおこなっている。[11] 近年、環境文学における「交感」論は、超越論的な解釈を経て自己の投影として自然を内部化するロマン主義的な見解から、自然を他者＝外部として捉えるポストロマン主義的なものへと転換してきたと言われている。[12] ポストロマン主義的な「交感」論では、「〈変身〉を、自然と人間の「完全な同一化」としてではなく、ズレつつ重なる＝「二重化」と捉える視座」が提示されてきた。[13] ウィラースレフの論じた「動物でなく、動物でないわけでもない」状況は、ポストロマン主義的な交感論の主題として取り上げうる。

これらの指摘は非常に興味深いものであるが、ウィラースレフの議論とポストロマン主義的な環境文学の「交感」論を同じ地平に位置づける上で注意しなければならない側面がある。それは、現代アメリカのネイチャーライティングの分析をもとに論じられる「交感」が基本的には望ましいもの、人類が取り戻すべきものであるというニュアンスを持っており、いわば目的のようなものとして捉えられているのに対し、ウィラースレフが描くユカギールの狩猟は「交感」の状況があわせ持つ危険性を強調しているように思われることだ。

野田研一は、現代アメリカのネイチャーライター、ロバート・フィンチが発表した「クジラのように」というエッセイを取り上げ、ポストロマン主義的な交感の文脈から以下のように論じている。


フィンチが言うように、私たちが人間であるためにはどうやら〈外部〉=〈他者〉が必要なのだ。その欲求は無意識に手が届くほど根源的であるために、だれもがその必要性に気づくというわけにはいかないが、近代以前ならば、しばしば〈怪物〉的表象として神話化され畏怖された「究極の不可知の他者」は、いまや〈自然〉としてその後ろ姿をかいま見るだけのかそけき存在に堕そうとしている。非神話化／脱神話化をあちこちで試みてきた近代という時代は、にもかかわらず、あるいはそれゆえにか、「私たちには他者が必要だ」というロバート・フィンチの小さな欲望、アニー・ディラードが倦まず語る「魔法の瞬間」への欲望を、さまざまなかたちで顕示しつつあるのかも知れない。[14]

人間を人間たらしめる〈外部〉としての自然という見立ては、アナ・チンの言う「人間の自然／本性は種間の関係性である」という言葉とも共鳴しあう。[15] だが、フィンチの論調は、「近代」に生きる人々がもはや失ってしまった根源的な他者として自然を「渇望」しているというものである。フィンチの説明によれば、彼が住むケープコッドの海岸に打ち上げられたクジラの死骸に人々が群れ集ったのは、「わくわくしながら、焦燥に駆られながら、人間とは別の生き物が僕たちを見つめ返してはくれないものかと探している」からである。[16]

野田は、現象学的な環境コミュニケーション論を提起したアメリカの研究者デイヴィッド・エイブラムの議論を踏まえながら、「自然とのコミュニケーションへの欲求がネイチャーライティングの基底を成しており、そのような欲求の根底にヒトという種の孤立が浮かび上がってくる」と分析している。[17] 現代アメリカのネイチャーライティングから見る「交感」は、文明を謳歌しているはずであったがその実孤独に苛まれる「近代人」（もしそのような者がいるとすれば）への処方箋として提出されている。人間と自然が断絶されているという意識があるがゆえに両者をつなぐ「交感」が好んで論じられるのだ。[18]

他方で、ウィラースレフの民族誌では、山田や奥野が「交感」に相当する状況として読み解いた場面は狩猟者にとって大きな危険をはらむものであった。模倣を通じてヘラジカのパースペクティヴに接近したユカギールの狩猟者は、人間としてのパースペクティヴを忘れかけた状況にある。そのため、彼は目の前にいる雌ヘラジカを語りかけてくる美しく若い女として経験している。狩猟者が言うには、「もし彼女と一緒に行ってしまっていたら、私の方が死んでいただろう。彼女が私を殺していただろう」。[19]

別の例では、野生トナカイの狩猟に出かけていた狩猟者が野外で老人に出会い、手招きに応じて不思議なキャンプ地に連れていかれる。そこは野生トナカイが「人間」として生活している場所であり、「肉」と呼ばれたものは苔であった。[20] 男は無事にこのキャンプ地から出ることができたが、この話は狩る側と狩られる側がいとも簡単に逆転しうることを示している。狩猟は人間のパースペクティヴから離れ、動物のパースペクティヴへ危険なほど接近する行為であるため、狩猟から戻ってきた者たちは人間の言葉で狩りの様子を語り、人間のパースペクティヴを取り戻さなければならない。[21]「交感」は狩猟に基づいた生活を組み立てる上での必要不可欠なプロセスの一部であり、むしろ厄介なものである。

ウィラースレフによれば、ユカギールの人々は、人類学者のE・ヴィヴェイロス・デ・カストロが論じた「多自然主義」に当てはまる。[22] 第1章で論じたように、「多自然主義」とは、西洋近代的な「多文化主義」とは対照的に、すべての存在を束ねるのは「文化」であり、かわりに諸存在の違いを表すのが「自然」であるという考え方を指す。多自然主義的な世界を生きる人々にとって、たとえば、ジャガーにとっての「マニオクのビール」が（人間から見れば）人間の血であったり、野生トナカイにとっての「肉」が（人間から見れば）苔であったりする。このことは、動物や精霊が自身を「人間」として「文化」を持った存在として理解している一方で、それぞれの身体に宿るパースペクティヴに応じて異なる「自然」が現れていると考えることができる。[23]

ウィラースレフが描いたユカギールの多自然主義的な世界では、諸々のパースペクティヴの間にある垣根はかなり低いというのがこれまで紹介してきた事例からも明白であろう。「交感」は日常茶飯事であり、人間として生存するための必要条件であり（交感できなければヘラジカを狩ることはできない）、しかし、危険なものである。ユカギールの世界においては、人間性は自明な所与のものではなく、常にぼやけ続けるうすい輪郭に沿って立ち現れる存在である。人間性は、不断の努力によって保たれなければならない危うい綱渡りの末に成り立つものである。

第4章では、「初原的同一性」をめぐる煎本孝の議論[24]を、「二元性」と「同一性」に向かうベクトルの間のせめぎあいとして捉え直す可能性を示した。ユカギールの世界においても、人間は「動物でなく（二元性）、「動物でないわけでもない」（同一性）の二極を行き来する存在であり、この往還（＝交感）が狩猟活動の根幹にある。ゆえにユカギールにとっての「交感」はおもに手段として立ち現れる。人間性を脅かす他種のパースペクティヴに対して身体を柔軟に開きながらも、いくらかの人間性を維持することと（＝生存）が鍵となる。ウィラースレフの民族誌に依拠して考えれば、ユカギールにとって、交感はそれ自体を目的とするものというよりも、あくまでも実用的なものとして生きられる。

本節では目的としての交感と実用的な交感の違いに焦点を当てて論じたが、このように書くのは「交感」論や環境文学論を批判したいからではない。野田が指摘しているように、文学研究（とくに今回検討の対象としたようなネイチャーライティング研究）はあくまでも近代を前提とした分析の営為であって、近代を経由しない、もしくは近代によって回収されきってしまわないような世界の理解を目指す人類学とはもともと問題設定上の大きな隔たりがあるからだ。[25]私のねらいは、環境文学の「交感」論やそれを人類学の仕事と対話させようとする試みによって触発されたことをより精緻化することにある。目的としての交感は人と自然の断絶を前提として両者をつなぐためのものとして考えられるのに対して、実用的な（手段としての）交感は多様な状況が想定されるなかでも、ユカギールの狩猟のように相互浸透する他種のパースペクティヴから自己を守る方向性に働く場合がある。同じ「交感」という言葉で表現されていたとしても両者の間で方向性の違いを見出すことができる。この点は今後、環境文学とマルチスピーシーズ人類学の交差領域としての「交感」論を環境人文学的な観点から掘り下げる上での手がかりとなる可能性がある。

生きものとの会話と非会話

興味深いのは、北方狩猟民によってあくまでも実用的な手段として生きられた「交感」のあり方が、ネイチャーライターにとっては目的としての「交感」の役割を果たすことである。本書ですでに何度も言及しているリチャード・ネルソンは、内陸アラスカ先住民のコユーコンの人々がいかに北方樹林の生きものと関わってきたかに関する詳細な民族誌を描いただけでなく、その後、ネイチャーライターとして活躍している。ネルソンは、コユーコンのウィリアム爺さんと狩りに出かけたとき、近くの梢で鳴き始めた一羽の鳥に対するウィリアム爺さんの反応を驚きとともに見つめている。

突然、爺はやさしく穏やかな口調で鳥に向かってコユーコン語の長口舌をふるいだした。「あんたはどなたかね?」彼は訝しむ。「そしてわれらに何を言いたいのかな?」爺は草地の中へ歩み入りながら語りかけを続け、その雄弁な鳥は不吉な来訪者などではなく、ふつうの鳥のはずだというそぶりを装っていた。「だれでもかまわんが、われらに幸運を祈ってくだされ」爺は言う。「われらがつつがなく暮らせるよう祈り、あんたの孫であるわれらを丸く囲んで守ってくだされ」。そのころには、ぼくもそれがなんの鳥か知りたい気持ちなど失せて、一羽の鳥に慈悲と庇護を乞うウィリアム爺にすっかり見とれていた。……あれほどの感動は生まれてからめったに味わったことがない。人々は何千世代にわたって、日々の暮らしの中でごくさりげなく周囲の自然存在たちに語りかけ、祈りを捧げてきたに違いない。[26]

ウィリアム爺さんは、最後には「だれでもかまわんが」と匙を投げているが、鳥の正体を明らかにするのは北方樹林で生きる上で欠かせないことであった。だからこそ、彼は「あんたはどなたかね？」とまず尋ねているのである。コユーコンと文化や言語の面で近いディチナニクの人々によれば、ミミズクは「チャーリー・ウッズは死ぬだろう」と人の死を予言する不吉な鳥にもなりうるが、「君はクマを獲る」とディチナニクの猟師たちに猟果を約束してくれたこともある。オオモズは、猟運をもたらし、ヘラジカのもとへと人々をいざなってくれる鳥である（第6章を参照）。迷ったウィリアム爺さんはワタリガラスのような人類の「祖父」として正体不明の鳥を遇することでこの出会いを良きものへと導こうとしていた。このようにウィリアム爺さんにとって、鳥に話しかけることは「交感」の世界で生きのびるための手段の一つであったのだ。[27]

シベリアや内陸アラスカの事例から描かれてきた「交感」の場面では、人間と人間以外の存在が言葉を通じて交流していた。実用的な交感についてより深く考えていく上で、人間と人間以外の存在との間の（非）会話という観点に注目してみたい。この観点から興味深い習慣を持っているのがエクアドルに住むルナの人々である。彼らは犬が飼い主の言うことを聞かず、困っているときにしつけとして幻覚剤を犬に飲ませる。ルナの世界では、それぞれの存在は自分より上位にある存在（犬にとっての人間、人間にとっての精霊）の言葉を通常の状態では理解することができない。しかし、幻覚剤を飲んで自分より上位にある存在のパースペクティヴを一時的に獲得することで、上位者と意思疎通する回路が開かれる。人間であれば、幻覚剤を飲んで精霊の言葉を理解する力を一時的に身に着けるのと同様に、幻覚剤を摂取した犬は通常では理解できない人間の言葉を理解できるようになる。このことにより、犬に人間の言葉を用いてしつけをすることが可能となる。

しかし、注意しなければならないのは、犬と人間の間に会話の回路が開くことは、犬からの言葉にも耳を傾けなければならない状況も同時に可能となってしまうことだ。犬からの反論を受けずに人間側の言い分を伝えるために、飼い主は犬の鼻に幻覚剤を注いだあと、口を紐で縛り、二人称と三人称の両方の特徴をあわせ持った「イヌ科命令法」で説教する。つまり、ルナの人々は、人間の言語が理解できるような状態に犬を導き、特殊な表現方法を用いて語りかけることで、犬を対話相手（二人称）として扱いつつ、同時に客体（三人称）としても位置づけている。[28]

第4章で見たように、ディチナニクの人々も、犬との関わり方について注意を怠らなかった。ディチナニクの古老ボブ・イーサイは、犬に人間の言葉で話しかけてはいけないという禁忌があったと言っていた。ボブによれば、昔ある人が犬に人間の言葉で話しかけた。その言葉を聞いて、犬は野外に駆け出したあと、しばらくして人々のところに戻ってくると「このあたりは一面、野原になる」と予言をした。その予言通り、その村は疫病にやられ、放棄されてしまった。このような経験を繰り返すことを避けるために、ディチナニクの人々は犬に人間の言葉で話しかけることを慎み、犬ぞりに関しても人間の指示を受けてそりの方向転換をおこなう先導犬のかわりにみずから歩いてそりを誘導していた。

ルナとディチナニクの事例からわかるのは、アニミスティックな世界において、人間と生きものの間に発生しうる過剰な「交感」を制限する働きが組み込まれていることだ。犬との（非）会話をめぐるハビトゥスは、実用的な交感を生きる人々にとって、生きものとの間でおしゃべりになりすぎることはときに危険をともなうことを示している。[29]

「交感しすぎない」という知恵

続いて、動物の霊魂について事例を見ていこう。ディチナニクの古老イグナチ・ペトロスカは、ハイイログマ、アメリカクロクマ、ハイイロオオカミ、クズリといった四種の捕食動物（頂点捕食者）が「ツァンザ」と呼ばれる特別な霊魂を持っているという考え方について教えてくれた。通常、クスコクィム川上流域語で「霊魂」に相当する言葉は「イージャ」であり、「影」、「写真」「イコン」などの意味もあわせもっている。「イージャ」は「影」と訳される場合もあることからわかるように、すべての存在が持つものとされている。よく古老や年配者が「すべての生きものは霊魂を持つ」と口にするときに想定されるのは「イージャ」のことである。それとは異なり、「ツァンザ」は限られた動物のみが持つ霊魂である。

イグナチによれば、「ツァンザ」を持つ動物を解体する際には気をつけなければならないことがあった。解体の際には遺骸の風下に子どもがいるのは危険だとみなされていた。解体中の遺骸から「ツァンザ」が放出され、子どもの身体の中に入るとその子どもは病気になるとされた。「ツァンザ」は、頂点捕食者に相当する動物の霊魂であり、子どもの身体が受け止めるには強すぎると考えられていた[30]。古老が言うには、クズリは夢見を通してビーバーハウスについて知り、ビーバーを狩る。クズリのような「ツァンザ」を持つ動物は動物界のシャーマン的な存在であると言えるかもしれない[31]。

「ツァンザ」に関する考え方が興味深いのは、人間には計り知れない動物の力への恐れから、人々が動物との距離を適度に保っていることである。動物の体内に潜み、解体されるとともに空気中に広がり、風に乗って拡散していくサブスタンスとしての「ツァンザ」は、ウイルスや細菌などの病原体を連想させるが、人々は適切な距離を保つことで目に見えない破壊的な力とうまく付きあおうとしてきた。この点は実用的な交感において、交感を制限する仕組みがあることとも通底しているように思われる。

北方狩猟民社会では人間と人間以外の存在との間の「交感」として取り上げうる事象が数多く存在しているが、本章では「目的としての交感」と「手段としての（実用的な）交感」の間にある差異に注意するべきであることを指摘した上で「手段としての交感」に関連する事例をいくつか紹介してきた。その議論を踏まえて言えるのは、ディチナニク、コユーコンやユカギールのような人々が保持してきた「交感しすぎない」という知恵の存在である。

本章を締めくくるにあたって、今一度コウモリと身内であることについて振り返ってみたい。身内とは切りたくても切れない関係性のことである。なぜなら、それは一回限りの縁でつなげられた個々別々の個体同士ではなく、関わりが何度も（ときには幾世代にもわたって）なぞられることで互いに互いの身体を構成しあうような相互包摂の関係性を築いたものたちのことを指すからである。「交感」論の視点から言い換えれば、「身内」になるとは相互包摂的な身体を持つことによって、両者の交感が日常茶飯事になった関係性である。逆に言えば、交感と非交感の境界がなくなってしまうようなあり方を指す。「実用的な交感」の考え方からすれば、危険であることこの上ない状態である。

　ディチナニクやユカギールの人々にコウモリを「身内」にすることについて意見を求めるとするならば、彼らはいかに答えてくれるだろうか。「残り鳥」を保護してきたディチナニクのフィリップやドラ（第6章参照）であれば、「君は本気か。コウモリは俺たちがいなくても自分で生きていけるだろう。余計なおせっかいはやめておけ」と忠告してくれるだろう。「ツァンザ」について教えてくれたイグナチであれば、「身内にするとは食べるのか、それとも皮を剥ぐのか。どっちにしろヘラジカの方が良さそうだけど、解体するときには風向きに気をつけろよ」と言ってくれるかもしれない。狩猟民は逃走する。交感が世界の前提条件であるからこそ、そう簡単には気を許さないことが知恵となるのだ。

　実用的な交感を生きるユカギールのスピリドン爺さんであれば、「君はコウモリやその主とどこまで堕ちる覚悟があるのかね。やってみたいならば、やってみればよかろう。わしは遠慮しておくがね」と背中を押してくれるかもしれない。スピリドン爺さんは、〈オムレフカ川の所有者〉と呼ばれる獲物の主の精霊と夢の中で逢瀬を重ね、生きる糧を得てきた。オムレフカ川で狩猟するかぎり、彼女（および無数のヘラジカたち）との関係性は途切れることがない。精霊は彼の霊魂を自分のものにしようとして病を送り、スピリドン爺さんを吐血させ、瀕死の状態にまで追い込んだことがあった[32]。狩猟民は逃走する。しかし、すべてから逃げ切ることはできない。コウモリやその主との苦しい恋路を選ぶのもまた人生であり、その先にはスピリドン爺さんも知らない幸多き世界が待っているかもしれない。人と精霊（と獣）の恋路には当人たちにしかわからない複雑な機微がある。「交感しすぎるのは危険である」と知っているはずなのに、それでも獲物の主との恋路に突き進むのは、人は人のみでは生きられないからである。ただし、浜に流れ着いたクジラの死骸に群がる現代アメリカ人が抱いていたのが恋の火遊びのような好奇心であるとすれば、〈オムレフカ川の所有者〉と長年連れ添ったスピリドン爺さんの逢瀬は生命を賭したものである。

実用的な交感を生きる者たちにとって、多種との交感への不安が前景化するのは、多種を真剣に受けとっているからに他ならない。この観点から見た際、フィンチが描いた自然との交感への渇望は、他者に向かう際の恐怖やためらいを感じているようには見受けられない点で私にとってやや共感しづらいものであった。死んで打ち上げられてもなおクジラが「究極の不可知の他者」（フィンチ）なのであれば、それはスーパーホエール[33]であり、現代アメリカ人にとってのアイドルである。確かに孤独に苛まれる「近代人」にとってそのような偶像は必要なのかもしれない。しかし、人新世を迎えた世界が新型コロナウイルスにおののいた姿からもわかるように、私たちはあまりにも動物の体内に宿る「ツァンザ」を甘く見ていたのではないだろうか。クジラがほんとうに「究極の不可知の他者」なのであれば、それは頂点捕食者ではないが「ツァンザ」のような強力な霊魂を宿したものであると考えるのが筋であろう。私のような狩りの素人は近づかない方が賢明だ。もしわが身を捧げてくれたのが「ありふれたクジラ[34]」であれば、ありがたく頂戴して、飢えたホッキョクグマとともに腹を満たしたい[35]。

おわりに——内陸アラスカ先住民の知恵とは何か？

ここまで八つの章をとおして、内陸アラスカ先住民の事例を中心に人々がいかに動植物や土地、川、気象現象、精霊、ウイルスとともに生きてきたかについて考えてきた。ここでは、各章の議論を振り返り、内陸アラスカ先住民の知恵とは何かについて考えてみたい。

マルチスピーシーズ民族誌の射程

第1章では、私たちが現在「人新世」と呼ばれる時代に生きていることを確認した。「人新世」とは「人間の時代」のことであるが、それは人間が資源を枯渇させ、生物種の絶滅を引き起こし、自分自身の生存基盤を掘り崩しかねない時代である。その時代背景の中で生まれたのがマルチスピーシーズ民族誌や環境人文学である。これらの潮流が示唆するのは、人新世の人類が直面する気候危機に対して、人間の力のみに頼る解決策はかえって逆効果になるのではないかという点であった。気候危機に対する解決策として、地球工学（ジオエンジニアリング）が提案されてきた。これは技術的に未完成であり、環境への悪影響が懸念されるのみならず、そもそも人新世の原因となってきたような科学技術と経済の際限ない成長を求める姿勢と軌を一にしている。人新世の提案者がこの解決策を支持していることは、問題をどのようにフレーミングするかが解決策の方向性も設定してしまうことを示唆する。

　人新世が引き起こす問題に対して、人新世的に対処しようとすることは危機を増幅させるだけである。「人間の時代」に対して「人間《ヒューマン》」の力だけで問題を解決しようとすることは、結局のところ「人新世」の延長につながることになる。その先にあるのは人新世のエンドポイントとしての人類の絶滅である。私たちが現在人新世に生きていることを認識しながら、それとは違う世界を作り上げていく必要がある。人新世を無視するのでもなく、人新世の土俵の中で抵抗を続けるのでもなく、積極的に人新世ではない世界を足元から積み上げていく必要がある。

　そのときにパートナーとなるのが動物、植物、菌類・ウイルス、精霊、土地といったさまざまな存在である。世界を形づくるのは人間だけではない。マルチスピーシーズ民族誌は、人間以外の存在による「世界をつくる実践（world-making practice）」[1]に着目する。人新世が地球上を覆っているように見える一方で、実際には人間と人間以外の存在が絡まりあって継ぎはぎだらけの世界をつくっている。そのことへの気づきがマルチスピーシーズ民族誌の方法論の根底にある。多種を人間活動の単なる背景としてではなく、人間とともに世界を形づくるアクターとして捉えることがマルチスピーシーズ民族誌では目指されている。そして、そのことを通して、新しい「人間」観を鍛え上げ、人新世を脱する道を探ることが目標となる。

　このことからもわかるようにマルチスピーシーズ民族誌は、これまでの生き物文化誌や民族生物学の研究とは異なる射程を持つ。もちろん、本書でも動物を中心にさまざまな生き物が各章で取り上げられており、本書をアラスカの民族生物学の試みとして読む読者もいるかもしれない。私自身、人類学を学び始めた当時、関心があったのは民族生物学や象徴人類学であった(第2章)ので、これらの動向を継承してなされた研究が多くのことを明らかにしてきたのみならず、現在でも重要な意義を持つことは理解している。実際にここまでの記述の中でもコユーコンの民族生物学を扱った『ワタリガラスに願いを』(一九八三年)に何度も言及しており、本書がリチャード・ネルソンという内陸アラスカ研究の巨人の肩の上に乗っているのは言うまでもない。

しかし、マルチスピーシーズ民族誌では、「人間と動物(もしくは植物……etc.)」という視点のみから議論を始めるのではないことを強調しておきたい。その射程の違いをわかりやすく示す例が「人間—動物—土地」(第6章)や「生者—死者—動物」(第7章)の関係性への注目である。非人間のエージェンシーに着目する研究が近年増えてきたが、人間のエージェンシーに対して、動物のエージェンシーを対置させるだけでは二元論を再生産することになりかねない。本書では、「人間と動物」という切り口ではなく、人類学者のデイヴィッド・アンダーソンが言うように「土地やモノ、動物や人間の諸人格が意味深い状況にともに注意を向けていく」ような「世界とのよりエコロジカルな関わり」を描くアプローチを追及している。[2]

ここで急いで付け加えなければいけないのが、先ほど言及した「人間—動物—土地」や「生者—死者—動物」は厳密な意味での三項関係ではないことだ。「三項関係」と言った場合、個々別々の身体に切り分けられていることを前提とした上でそれらを結びつけるニュアンスがある。しかし、マルチスピーシーズ民族誌の基礎的概念である「絡まりあい」はそのような考え方とは相いれない。たとえば、第7章で見たように、カリブーとグィッチンの人々は神話の時代に心臓を共有しており、現在でもカリブーを食べ続けた人々はカリブーのようにふるまうとされる。カリブーは、死者の霊魂が天上でダンスを踊る姿とされるオーロラに引き寄せられる。それらはオーロラが放つ青い炎から越冬するために必要な熱量を得ているのだ。そして、そのように冬を生きのびたカリブーがグィッチンの人々の生きる糧となる。つまり、「生者─死者─動物」の関係性は「三項」と呼ぶにはあまりにも相互包摂の度合いが高い。「絡まりあい」を考える上では、3＋n者のアッセンブリッジを描くことで「人間と動物」の枠を抜け出る一方で、それらの「あいだ」には一以上二未満の関係性が成立していることを意識することが肝要だ。[3]

各章の概要

ここまで論じてきた観点に基づきながら、本書で扱った事例について要点を整理してみよう。第2章では、ニコライ村で現地調査を始めるまでの経緯を説明するとともに、本書の元となったフィールドワークでは、参与観察とインタビューのみならず、調査者自身が生業活動を実践することが含まれていることを述べた。このような調査法は、ディチナニクの人々が私にみずから内陸アラスカの動植物や生態系と直接交渉し、そこから学んでほしいと考えていたことを反映している。私が学ぶことを期待されていた「一人で生きる力」とは、他の人々の意見を聞きながらも、最終的には自身の身体的な理解に基づいて、周囲の生きものたちとの関係性を築いていく彼らのやり方を示すものであったと考えられる。

第3章では、神話の中で呪術師の〈ワタリガラス〉が犬肉を好むという設定について考えた。犬─人間の関係性は、「一つでもなければ二つでもない何か」であるが、[4]人間は犬を人間に限りなく近いものとして見る一方で、〈ワタリガラス〉は犬を美味な食物として見ている。犬との関わりが媒介となって、人間と〈ワタリガラス〉＝呪術師の差異が初めて可能となっている。神話は、人間と動物の境界があいまいな世界での活劇を通して多種の関係性がいかに創発するかを語る物語である。

第4章では、ゴールドラッシュ期の犬ぞりの導入という一大事件がもたらしたものを検討した。二〇世紀初頭に生じたゴールドラッシュは、多くの探鉱者がアラスカにやってくる機会となったが、彼らは決して身一つでやってきたわけではなかった。欧米由来の細菌やウイルスが探鉱者の身体にヒッチハイクしてやってきており、アラスカ先住民社会で感染症が蔓延した。人間同士の接触は常に人間ではないものとの接触を内包している。このことがアラスカ先住民社会の基盤を大きく揺るがす結果となった。その後、アラスカ先住民社会は捕魚車の導入、サケ漁の活性化、毛皮交易へのより強い組み込みという大きな変化に踏み込むことになった。それは毛皮交易への適応のために犬ぞりを導入することにつながり、人間と分かちがたく結びついている犬の運命も大きく変えることになった。

第5章の議論は、ビーバーとサケの関係を考えることを通して、マルチスピーシーズ民族誌が目指すものについて論じた。結局のところ、マルチスピーシーズ民族誌は人間と人間以外の存在の絡まりあいを描くことで何がしたいのだろうか。カークセイとヘルムライクの答えは、人新世における「控えめな生物文化的希望」を見出すことであった。[5] 私は、多種の絡まりあいを「人々とともに観察すること」を通じて考え、生態学との対話を試みた。具体的には、ディチナニクの人々がサケ遡上地に赴き、そこでの活動によって人間―ビーバー―サケ―クマの絡まりあいを調整していることを指摘した。この観察に基づき、複数のキーストーン種への影響を与える「ハイパーキーストーン種」の議論を批判的に継承し、

「キーストーンとともになること」を提示している。マルチスピーシーズ民族誌は、人新世の中でひそかに胚胎する、非人間による「世界をつくる実践」に目を向け、最新の自然科学的な研究成果を人類学者独自の視点で消化し、新しい知見の共—生成に向かうべきだと考える。私はこのようなマルチスピーシーズ民族誌の方向性を「多種を真剣に受けとること」と呼び、「他者を真剣に受けとること」をモットーとした存在論的転回との違いとして示した。

それでは、マルチスピーシーズ民族誌の議論は人類学のこれまでの研究蓄積に対してより具体的な形で新しい発見をもたらすことはできるのだろうか。第6章では、ドメスティケーションをめぐる議論を踏まえながら、内陸アラスカ先住民社会での実践を「ドムス・シェアリング」と表現した。近年のドメスティケーション研究では、人間と動物の二項関係に閉じるのではなく、「ドムス」（人間と動物が共有する場）を加えて、人間—ドムス—動物のよりダイナミックな関係性を描こうとする流れがある。この潮流を継承して、「ドムス・シェアリング」は人間と野鳥の間の生活空間の共有を意味する言葉として提起した。それは、他種への介入がゼロではないが、それを最小限にとどめるようなやり方でなされる社交関係として考えることができる。たとえば、内陸アラスカ先住民社会では、「残り鳥」（南に渡り損ねた夏鳥）を冬の間保護して、それが野外で生きのびることができる春になると放鳥する習慣がある。ドメスティケーション研究でも「野生性の保持」に注目する議論[6]があるが、ドムス・シェアリングはその論点に通底する「ドメスティケーションの周辺」からドメスティケーションを考えることを目指す試みである。

ところで、マルチスピーシーズ民族誌と同じく、人新世の問題意識を引き受けて生まれた動向に環境人文学がある。環境人文学は、文学、歴史学、人類学、哲学などの人文学分野が連携して「環境」について考えるプラットフォームである。マルチスピーシーズ民族誌は人類学の方法論や知見を通して環境人文学に貢献してきた。興味深いことに、マルチスピーシーズ民族誌、エコクリティシズム（環境文学）、モノの哲学はそれぞれ別々に発展してきたものでありながら、「人間以上」の世界に目を向ける知的実践として通底する部分を持っている。本書最後の二つの章では、環境人文学の観点から人類学の枠にとどまらない議論を展開した。

第7章では、モノスピーシーズの集まりを想定する「共同体」に対置されるものとして「共異体」の議論を紹介した。とりわけ「共異体」としてのデネ（ディチナニクを含む北方アサバスカンの自称）の身体を「共異身体」と呼んだ。デネの「共異身体」は、「デネ＝人々」をつくるためにさまざまな動植物が接ぎ木されたり、生者―死者―動物の分かちがたい関係性に埋めこまれていたり、夢見と絶食をともなう過酷なヴィジョンクエストを通じて守護霊との共―生成を果たしたりするような場として成立していた。清水高志は、ジェイムズの経験論とモノの哲学を踏まえて、主体が対象を認識するという考え方ではなく、「もろもろの経験と経験の連接からオブジェクトが生まれる」ことを喝破した。[7] ヴィジョンクエストは、清水の表現を借りれば、「経験と経験の連接から生まれるモノ（ノケ）」とともに生きるわざである。

第8章では、環境文学とマルチスピーシーズ民族誌が交差する領域としての「交感」論について取り上げた。ロマン主義からポストロマン主義へと議論を移してきた環境文学では、自然の他者性に注目するようになった。その際、自然との交感は人間が存在する上で根源的に必要としている他者性に触れるような経験だとされてきた。近年では、人類学におけるアニミズム論とも接合させながら「交感」を論じる試みがなされている。私はそれらの議論を継承しながら、北方狩猟民が動物との間で築く関係性から読み取れる「交感」と現代アメリカのネイチャーライティングの分析で論じられた「交感」との差異に着目した。ネイチャーライティングでは自然との断絶に悩む近代人が自然との交感を「目的」とするのに対して、さまざまな生き物や土地との関わりを生きる北方狩猟民は生存する上での「手段」として実用的な交感をおこなう。もちろんこれら両者の境界が揺らぐような可能性も考えうるが、大まかな方向性としては「交感」のあり方に違いがある。北方狩猟民の生き方から学べることがあるとすれば、それは自然との断絶を前提とした上でそれとつながることを渇望することではなく、みずからが多種の関係性の中で生き、生かされていることを意識することである。だからこそ、北方狩猟民の人々は、ときに過剰な交感から身を守るための「交感しすぎない」ことも知恵の中に組み込んできたのだ。

アラスカ先住民の知恵

「交感しすぎない」ことが内陸アラスカ先住民の知恵であるとすれば、それは彼らが「共異身体」を生きているからに他ならない。共異身体は、絡まりあいを前提とした、多種に開かれた身体である。北方アサバスカンの人々にとっての「社会」化は、常にすでに共異身体の（共）生成をともなっている。日本から来た人類学徒に生業活動を自分でも実践することを望むのは、彼らの世界での生き方を学ぶことが、常に多種との関わりに開かれていることを意味するからだ。

このような共異身体を生きる人々であるからこそ、「交感」はときに危険をはらむ。自己完結型の身体であれば、みずからは常に認識する人間＝主体であり、その主体のもとにまなざされる「自然」が立ち現れる。他方で、共異身体のもとでは、そのような一方的な主体／客体関係をア・プリオリに想定することはできない。共異身体における主体性は実践の中で一時的にのみ発生するものであり、ある実践が可能となる原因であるというよりも、その実践の効果として捉える方がより正確となる。「犬に話しかけてはいけない」という禁忌は、犬の言語能力が〈ワタリガラス〉によって奪われたという神話を背景として、ゴールドラッシュ以前の犬―人間の関係性を形づくっていた（第4章）。同様に、兄弟を殺して天空に上がった〈月〉の神話も、「月を見つめすぎてはいけない」という禁忌をともなっていた（「はじめに」）。このような神話（フゾッシュ）と結びついた形で提示される禁忌（フッァニ）は、犬―人間や月―人間がいとも簡単に「交感」しあってしまうからこそ必要とされていた。犬の場合も月の場合も、過剰な交感が生じると疫病や洪水のような形で人々の死につながる。神話とは必ずしも連動していなかったが、雨雲が人の言葉を聞きつけてしまわないように、雨についての言及を避けるダニエルの態度は一種の禁忌とも言える。禁忌の役割の一つは、過剰な交感から共異身体の集まりを守ることなのではないかと考えられる。ディチナニクの子どもは望ましい特徴を持った動物の部位を身体に接ぎ木されることで成人に近づく一方で、禁忌によって過剰な交感から守られている。これらの習慣は、共異身体を生きる者たちにとってコインの裏表である。

月にまつわる神話と禁忌を紹介した際に、フィリップがアポロ計画に対して怒りを覚えていたことを述べた。それは、宇宙船が月面に着陸することで情緒不安定な〈月〉を怒らせてしまったからだと説明されていた。フィリップにとって、月は注意を要する存在であり、必要以上には近づかず放っておくべき存在であった。禁忌によって共異身体を守ることと関連する別の側面は、「構いすぎない」という知恵である。ビーバーダムにすき間を開けることでも、渡り損ねた「残り鳥」を冬の間飼うことでも、重要なのは生きものたちが「世界をつくる実践」をおこなうのを邪魔しないことである。内陸アラスカでの「ともに生きる」ことは、ベストの状態で「世界をつくる実践」に携わることができるような関係性をともに築くことである。一時的な保護や介入につながることはあったとしても、多くの場合、それらは永続的ではない。

本書では、内陸アラスカ先住民は、「交感しすぎない」と「構いすぎない」という二つの知恵を持つと考える。ここまで何の説明もなく「知恵」という言葉を使ってきたが、私は「智慧」ではなく、「知恵」を使いたい。前者はより哲学的で抽象的な「物事の真理」を見定めることに関わるニュアンスがあるのに対し、後者はより実践的で卑近な生活に関連する文脈で使われる。私が描いてきたものは、いわゆるネイティヴアメリカンの秘儀や高邁な精神世界であるというよりは、ディチナニクの人々が森や川の生きものとの交渉の中で編み出してきたハビトゥスに近い。確かに「フゾッシュ」と呼ばれる神話は、彼らのコスモロジーに深く関わるものであり、フィリップによれば、彼らにとっての「歴史」である。だが、それは同時に「冬の夜長を嚙みきる」ための娯楽であったし、子どもたちが長生きするために聞いておく必要があるものでもあった（第3章）。

それでは、これらの知恵は私たちをどのような考えに導いてくれるのだろうか。「はじめに」では、人間と自然の断絶から物語を始めることを拒否した。人間と自然の断絶をア・プリオリに想定し、その断絶を埋めるような形で連続性を回復しようと考えることは、人新世の人間中心主義から離脱する道を探っているようにも一見思われる。だが、その思考法は、認識主体としての十全たる「人間」を大前提として、それが「自然」を秩序づけるという理解と深いところでは根を同じくするものだとも考えうる。むしろ、人間だけを取り出すことができず、人間ではないものが常にすでにともにいる。「決して独りではない（Never Alone/Kisima Ingitchuna）」[8]という事実を引き受けることから、人新世ではない世界を構想する道が始まる。

　だが、この道は決して牧歌的な楽園ではない。人新世の「人間《（ヒュー）マン》」の世界ではなく、ワタリガラス神話を導きの糸として考えることを目指すのであれば、それは多種とともに創発する「デネ＝人々」の世界に生きることを意味する（第7章）。「人間」中心主義の世界は基本的に孤独な世界である（ゆえに遠くにある超越的な他者を渇望する）のに対し、「デネ＝人々」がその一部となっている多種の世界はあまりにも騒々しく、絡まりあいから逃れることができない。共異身体を生きることは常に多種のエージェンシーがまともに身体にぶつかってくるような状況をともなう。「デネ＝人々」にできるのは、息をひそめることである。「交感しすぎない」、「構いすぎない」という知恵は、絡まりあいの中で息をひそめるための技術である。

　本書の検討から見えてきたことは、絡まりあいに拘束されながらも、これらの知恵をもとに何とかさまざまな存在との関係性をやりくりしようとする「デネ＝人々」の姿である。ただし、私が描きたいのは、（神話に登場する〈ワタリガラス〉のごとく）創意工夫によって窮地を逃れる人々の狡知であるのと同じくらい、常に多種の影響下にあらざるをえないという一種の呪いを引き受けながら生きることの苦悩である。その意味で、本書で述べてきた多種による「世界をつくる実践」は、人間とその子分である他種でどのような世界でもつくりあげることができるという全能感を意味するのではない。この言葉で私が表現したかったのは、ときに重なりあい、ときに反目しあいながら、諸々の存在が世界への働きかけを通して新しい存在を生みだしたり、また別の存在にとっての新しい生の条件となっていったりすることである。だからこそ、人々は自己完結しえない。「自然」と「交感」する人間は、一部のエコロジー思想家にとって、近代人が取り戻すべき姿であるかもしれないが、私がフィールドで目の当たりにしたことの一つは、自己完結しないがゆえの煩わしさであった。もし私たちがアラスカ先住民の生き方から何かを学ぼうと思うのであれば、それは「自然と共生する美しい生き方」ではなく、多種の間で生きることの煩わしさに長年向きあってきた結果として生まれた彼らの構えであるべきだと私は考える。

第三の道を探る

今述べたことを少し違う文脈で言い換えれば、私は人間中心主義でも生命／生態系中心主義でもない第三の道を探ることを目指したい。管見では、絡まりあいを考えることは、人間が中心か、生命や生態系が中心かという二択（もしくは三択）の問題ではない。むしろ、中心—周辺の階層的な秩序が成り立たないような状態こそが絡まりあいではないか。ポストヒューマニティーズに対する批判として、「人間」を捨象しているというものをよく耳にする。確かに一部の論者は「人間不在」の世界を論じるようになってきたし、「人間」に対する不信感を告白する者もいる。[9] しかし、本書では「人間《（ヒュー）マン》」中心主義に異議を唱えながらも、具体的な（共異）身体を生きる人々《ピープル》を決して置き去りにしたつもりはない。人間中心主義への批判は往々にして生命中心主義や生態系中心主義に回収されていくが、もしその批判がそこに生きる人々の生を捨象することにつながるのであれば、「人間」中心主義と同様に、もしくはそれ以上に暴力的である。本書では、多種の絡まりあいから創発し、共異身体として生きる「デネ＝人々」を考えることで、自己完結的で常に認識主体として「自然」を分節化するような「人間」の中心主義から離れる道を模索しながら、人々の生を捨象してしまわないように注意を払った。

しかし、読者の中には本書で論じた知恵はもうすでに賞味期限が切れているのではないかという意見を持つ人もいるかもしれない。人新世を生きる私たちにとって、今さら内陸アラスカ先住民の人々が動物や土地といかに付きあってきたかに関する説明や彼らの神話・禁忌のたぐいについて知ったところで何の役に立つのであろうか。確かに本書は人新世に対する解決策を直接的に示すことを目指すものではない。本書で提示できたのは、内陸アラスカ先住民がさまざまな存在との付きあいの中で育んできた知恵に関するものにすぎない。他方で、本書で扱った事例（とくに神話や禁忌）は滅びるのを待つ過去の遺物ではなく、それぞれの人々による試行錯誤を経て、新陳代謝を繰り返していく。その一部は消滅していきながらも、現在でも語り継がれたり実践されたりするアクチュアルなものである。

「犬に話しかけてはいけない」という禁忌は、犬ぞりの本格的な導入が進んだ二〇世紀前半以降、遵守されることはなくなった。この禁忌はディチナニクの人々が生きる環境《ミリュー》が大きく変化するなかで遵守することができなくなり、次第に淘汰されたと考えられる。禁忌はハビトゥスである以上、必然的に新陳代謝を含んでいる。「月を不必要に刺激してはいけない（見つめすぎてはいけない）」という禁忌は、アポロ計画に対するフィリップの憤りの原因になっていたし、〈月〉の物語についてはフィリップのみならず、現在はテキサス州に住む彼の養女（年齢的には大体孫の世代にあたる血縁者）からも聞いたことがある。彼女はニコライ村の近くに土地を所有しているが、高台になっている土地を選んだのはフィリップから〈月〉の物語を聞いていたためである。ビーバーダムにすき間を開けることも、昔の漁業管理学の常識がアップデートされないまま残った陋習《ろうしゅう》であるどころか、内水面の乾燥化とビーバーの増加という気候変動と社会変動が複雑に入り組んだ現在の状況を踏まえた上での行動であった。多種が世界をつくる実践の中に、警戒を怠らないようにしながら身をゆだね、多種とともに変わっていくこと。内陸アラスカ先住民の知恵はこの中で鍛え上げられ、人々の生きるよすがとなる。

フィリップは、先祖から伝えられてきた予言として、いつか村外から運ばれてくる「白人の食べもの」（おもに加工食品）が来なくなってしまい、人々は自給自足の生活に戻ることになると語っていた[10]。彼にとって、ディチナニクの祖先たちがたかだか二〇〇年ほど前に接触したにすぎない「白人」文明は、究極的には信頼に値しないものである。だからこそ、フィリップや彼の親族たちは、森や川の生きものたちとの交渉が楽しいときばかりではなく、ときに煩わしさを含むものであったとしても背を向けることはない。人新世をどう生きのびようと思うか、それはあなた次第だ。

あとがき

本書は、私が二〇一六年から二〇二二年までの期間に出版した論考をもとに、マルチスピーシーズ民族誌と環境人文学の観点から加筆・再構成したものである。二〇一五年八月、私はアラスカでの長期調査を終えて日本に帰国した。そのときには「マルチスピーシーズ」という言葉にはほとんどなじみがなかった。聞いたことがあったとしても、人間と動物の人類学と何が違うのかはっきりとしたイメージは持っていなかった。

二〇一六年六月、奥野克巳先生が呼びかけ人となって、第一回マルチスピーシーズ人類学研究会が開催された。私は幹事五人のうちの一人としてマルチスピーシーズ民族誌の動向を追いかけることになった。それから関連する文献を読んでは内陸アラスカの調査地で見聞きしたものをどう考えたら良いか思案する日々が始まった。二〇一七年度からは「種の人類学的転回」科研が採択され、マルチスピーシーズ人類学研究会と連動しながら研究を進めていくことになった。この科研プロジェクトが二〇二一年度をもって終了するにあたり、不十分なことは承知であるが、マルチスピーシーズ研究に関するみずからの見解を一冊にまとめておきたいと考えるようになった。数年前、研究室を訪問し、「アラスカに関する本を書きませんか？」と声をかけてくれた、慶應義塾大学出版会の村上文さんのお言葉に甘えて本書の企画が実現した。

右記の説明からもわかるように、本書は内陸アラスカでの現地調査の結果に基づいて書かれたものであるが、私の博士論文での研究をまとめたものではない。現金経済下での狩猟・漁撈、生業の再活性化を目指す動き、非先住民との通婚、土地権益請求など現代の内陸アラスカ先住民社会に関わる重要な事項で十分に論じることができなかったものも多い。それらについては博士論文をもとにした書籍で論じることとしたい。読者諸兄姉からご批判をたまわれば幸いである。本書は、研究分担者として参加した（している）以下の研究プロジェクトにおける成果の一部である。

- 科研費・基盤研究（A）「種の人類学的転回―マルチスピーシーズ研究の可能性」（課題番号：17H00949）
- 科研費・基盤研究（A）「北米アラスカ・北西海岸地域における先住民文化の生成と現状、未来に関する比較研究」（課題番号：19H00565）
- 北極域研究加速プロジェクト（ArCS-2）社会文化課題・サブ課題3「温暖化する北極域から見るエネルギー資源と食に関わる人間の安全保障」

本書を出版するまでに多くの方のお世話になった。お礼を申し上げたいと思う人は数えきれないほどであるが、研究プロジェクトでの成果物という本書の位置づけに鑑みて、本書の執筆に直接関連する方々のお名前を挙げるにとどめることをご寛恕いただきたい。ここにお名前を挙げることができなかった方々も含めて、日々のご教導とご厚誼に心より感謝申し上げる。

アラスカ先住民の村で暮らすという高校生の頃からの夢が実現したのは、ニコライ村のみなさんが温かく迎え入れてくれたからだ。ニコライ村評議会は、私の調査を快く受け入れてくださり、助成金申請のための推薦状作成を含めさまざまな便宜を図っていただいた。フィリップ、ドラ、ダニエル、マーティ、ジョン、アンドリュー、フィル、アダム、スティーブン・ジュニアは、村や森での生活を案内してくれた私の師匠である。内陸アラスカの沼地で迷子になったのがきっかけで、素晴らしい友人たちに恵まれたのは不思議な縁だと思っている。ベティとデビーは、クスコクィム川上流域語を教えてくれた。シャーリーには聞き取り調査を手伝ってもらった。Tsenanh e huk'atwghsinełtinhdi'.

マルチスピーシーズ人類学研究会の前身とも言える「自然と社会」研究会では、奥野克巳先生、池田光穂先生、シンジルト先生から薫陶を受けた。とりわけ奥野先生とは一〇年以上にわたり編著や翻訳、雑誌の編集でご一緒させていただき、力強い言葉と行動力で瞬く間に新しい世界を切り拓いていく姿からとても多くのことを学んだ。奥野先生が主宰される研究会は、私にとって「もう一つのゼミ」である。白熱した議論がときに夜中まで続くスリリングな時間は、修士課程の頃から現在に至るまで何ものにも代えがたい重みを持っている。

岸上伸啓先生は、私のアラスカ大学フェアバンクス校での指導教官となるデイヴィッド・ケスター先生を紹介してくださった。アラスカ留学が可能になったのは、岸上先生のおかげである。その後も岸上先生には北米や環北太平洋をテーマとした研究プロジェクトにおいてご指導いただいている。ケスター先生の授業では、北方先住民の神話や口頭伝承について学んだが、その経験が本書のワタリガラス神話論に生かされることになった。博士論文をもとにした書籍を両先生にお届けできるように努力したい。

高倉浩樹先生からは自然科学と人文学の知を対話させる研究の可能性について学んだ。本書で試みられた北極域の自然科学と人文学の対話は、高倉先生のお仕事に触発された部分も多い。また、二〇一九年の東北大学での国際ワークショップにお声かけいただいたことは、ドメスティケーションについて考えるまたとない機会となった。本書の第6章は、ワークショップでの発表をもとに発展させたものである。

大石高典さんからは犬研究のおもしろさを学ぶとともに、生態人類学の視点を踏まえた辛口コメントに大いに触発された。ケネス・フランクさんは、カリブー猟に連れて行ってくれ、グィッチンの人々が守りたいと願うものを教えてくれた。逆巻しとねさんからのご批判は、本書を執筆・改稿する上で示唆に富むものであった。改めてご批判をお願いしたい。立澤史郎さんとの交流は、保全生態学について学ぶ良い機会であった。雑誌『たぐい』所収の論考を書く際には、平野智佳子さんのコメントが着想を与えてくれた。また、ディンゴの飼育に関する平野さんの助言は大きな刺激となった。山田悠介さんとは、研究会や対談の機会にお話しして、環境文学について教えてもらった。山田さんの論考に触発されて、「交感」を人類学の問題として考えるようになった。いつかネルソン研究会を開くことができれば望外の喜びである。吉田真理子さんとは、共編著の編集作業を通じてマルチスピーシーズ民族誌について何度も議論し、学ぶことが多かった。吉田さんとの共著論考の草稿を本書の第1章として転載することも快諾していただいた。他にも、本書およびその元となった諸論考の執筆にあたり、帰山雅秀先生、川地真史さん、久保明教さん、辻陽介さん、林里紅さん、ヘザー・スワンソンさん、結城正美先生からのご教示を参考にさせていただいた。

慶應義塾大学出版会の村上文さんには辛抱強く私の遅筆に付きあっていただき、編集上の的確なアドバイスをもらった。村上さんのご尽力のおかげで何とか出版にこぎつけることができた。大小島真木さんには本書のために力強い装画を寄せていただいた。最後になったが、私の研究生活を支えてくれる妻に改めて感謝の意を表したい。

二〇二二年六月一八日

近藤祉秋

注

はじめに

1 Candea 2010: 249
2 コッチャ 2019: 153
3 コッチャ 2019: 93

第1章

1 近藤・吉田 2021
2 Kirksey and Helmreich 2010: 545. 拙訳がすでに公刊されているが、それを踏まえながら改めて訳し直した。なお、共著者Helmreich の表記は「ヘルムライヒ」としていたが、本書ではより英語での発音に近い「ヘルムライク」に変更した。
3 クリフォード 1996
4 ラトゥール&ウールガー 2021[1979]
5 ラトゥール 2008
6 ヴィヴェイロス・デ・カストロ 2015a
7 春日 2011
8 里見 2018: 177
9 Kirksey and Helmreich 2010
10 アジリティ競技とは、飼い主がイヌに指示を与えて課題をこなしながらおこなう障害物競走のことである。
11 Haraway 2007: 16–17. 以下ハラウェイの引用はすべて拙訳。既訳を参照しつつ改めて訳し直した。
12 Haraway 2007: 244
13 Haraway 2007: 219–220
14 Haraway 2007: 237
15 Haraway 2016
16 Lien 2015; Helmreich 2009; Lowe 2010; Swanson 2018
17 チン 2019
18 Fuentes 2010
19 Rose 2011; Fijn 2011; Govindrajan 2018
20 Paxon 2008; コーン 2016; ウィラースレフ 2018
21 Kirksey and Helmreich 2010: 552
22 日本の人類学、とりわけ生態人類学において自然と文化の二分法によらない研究がおこなわれてきており、マルチスピーシーズ民族誌の「ともに生きる」アプローチと関連する立場からの研究が蓄積されてきた。日本の生態人類学とマルチスピーシーズ民族誌の差異については、近藤・吉田 2021 を参照のこと。
23 Tsing 2012: 144
24 ゴヴィンドラジャン&宮本 2021: 56. また、マルチスピーシーズ民族誌への批判とそれに対する応答に関しては、奥野 2021 や近藤・吉田 2021 を参照のこと。
25 Crutzen and Stoermer 2000
26 寺田&ナイルズ 2021

27 Crutzen 2002: 23
28 桑田 2017: 123
29 ボヌイユ&フレソズ 2018: 114
30 結城 2018: 203
31 Moore 2016
32 ボヌイユ&フレソズ 2018: 345–347
33 ボヌイユ&フレソズ 2018: 124
34 Haraway 2016: Ch. 8
35 結城 2018: 203
36 Oppermann and Iovino 2017
37 Tsing et al. 2017
38 Kirksey and Helmreich 2010: 545
39 結城・黒田 2017
40 Rose 2011; van Dooren 2014
41 Nelson 1983

第2章

1 ただし、今考えてみればこの本で書かれていた内容がアパッチの生活の表象としてどの程度正確なものであったのかには疑問が残る。

2 もしくはクスコクィム川上流域アサバスカンとも呼ばれる。私が研究協力員として関与する北海道立北方民族博物館では、英語名の「アッパークスコクィム」が採用されている。

3 Collins and Petruska 1979; Collins 2004

4 後日、民族生物学ガイドブックはおもに先行研究の記述をもとに作成した。Kondo and Hanson 2013を参照。

5 原 1989: 329–332

6 Honigmann 1949: 3. なお、ホニグマンは「アサパスカン」という表記を採用しているためそのまま引用したが、アラスカでは「アサバスカン（Athabascan）」という表記が最も一般的である。

7 Hosley 1966: 17–18

8 Osgood 1936: 19

9 なお、初期のインタビュー調査があまりうまくいかなかったもう一つの理由として、過去に野生生物警察から強い取り締まりの対象となった水鳥猟は、規制が緩和された現在でも村人にとってなにがしかの規則違反を理由に逮捕されたり罰金を取られたりするのではないかという不安を掻き立てるトピックであることが挙げられる。この点は現地調査を進めるうちにわかってきたことであったのだが、そのような事情を考えると聞き取りを断る人がいるのは当然のことであったと言える。じつはフィリップは、水鳥猟に対する規制が厳しかった時代にも狩猟を続けており、そのせいで野生生物警察官から「密猟」とみなされ何度も逮捕されている。だが、野生生物警察官が「密猟」とみなす狩猟は、村人たちの間では生きるために必要な食糧獲得のための活動であり、得られた肉を無駄なく消費するかぎりまったく問題ない行為であると考えられている。

10　Nelson 1983; 原 1989; 煎本 1996; Mishler and Simeone 2006; ナダスディ 2012; 山口 2014

11　実際に、私は現地調査の後半でインタビュー調査を再開している。その際には現地の協力者を得て、その者の親族を中心に半構造化インタビューをおこなった。

12　村の女性の中にも水鳥猟をする者が数名いる。

13　スノーモービルをつくる会社の人たちが聞いたらあまり喜ばないかもしれないが、一部の人々はこの時期雪がほとんどなく、地面がむき出しになったところでもスノーモービルを使うことがある。

14　ディチナニクの人々が「幸運」について語るのは、多くの場合、狩猟の文脈である。ヤマアラシは食糧不足のときにも棒があれば狩ることができる獲物であり、生存に必要な「幸運」の象徴として位置づけられている。

15　ただし、隣町のマグラスでは採集したベリーを販売する者がいる。

16　ナダスディ 2012: 338–340

17　ナダスディ 2012: 344

18　Young and Goulet 1995; ナダスディ 2012: 341, 348

19　Oakley 2007: 69

第3章

1　Nelson 1983: 80, 82

2　Nelson 1983: 81

3　Nelson 1983: 81

4　Jetté 1908: 357–358

5　ただし、古老の中には「フゾッシュ」は「ただのお話」にすぎないという考えを持つ者もいる。

6　Ingold 2000: 37

7　Hosley 1966: 93

8　Nelson 1983: 191

9　Jetté 1908: 365

10　話者：ニック・アレクシア・シニア、使用言語：英語、原話の言語：クスコクィム川上流域語、採録：二〇一四年五月一七日、ニコライ村にて。

11　Ruppert and Bernet 2001: 285–287（元の語りから要約した）。話者：ミスカ・ディアフォン、使用言語：クスコクィム川上流域語、転写資料：英訳版のみ出版、訳者：レイ・コリンズと現地協力者、採録：一九六〇年代～一九八二年。

12　話者：ニック・アレクシア・シニア、使用言語：英語、原話の言語：クスコクィム川上流域語、採録：二〇一四年五月一七日、ニコライ村にて。

13　Jetté 1908: 302–305（元の語りから要約した）。話者：アンドリュー・ケニーヨ、使用言語：コユーコン語、転写資料：コユーコン語と英訳、訳者：ジュール・ジェッテ神父、採録：一九世紀末～二〇世紀初頭。

14 Jochelson 1904: 423–425

15 知里 1973: 442

16 アウステリッツ 1992: 96-99

17 ベリョスキン 2009: 76

18 ただし、ニヴフと樺太アイヌ以外の北アジア先住民諸社会では、犬肉をあくまで飢餓時の非常食としてみなしていたとの見解が一般的である。山田 2012: 46–47 を参照のこと。

19 クレイノヴィチ 2005: 129–134; 田村 2001

20 ロット＝ファルク 1980: 73–74

21 ロット＝ファルク 1980: 83

22 ディチナニクの人々は、ワタリガラスが人間に獲物の位置を知らせてくれると考えている。クスコクィム川上流域に住む人々のなかには、ワタリガラスに食べものを与えることでそのような協力関係を結ぶことができると考える者もいた。しかし、人々が「ワタリガラスに食べものをあげる」ことを理由として動物の内臓、肉片を投棄する際には、サケやビーバーなどの野生動物のみが対象となり、犬の内臓や肉がこのような目的をもって投棄されることはない。

23 本節でおもに扱ったロシア極東のサハリン地域と内陸アラスカの間には、カムチャッカ、チュコトカ半島、アリューシャン列島、アラスカ南西部といった地域があり、これらの地域に住むイテリメン、コリャーク、チュクチ、アリュート、ユピック・エスキモーなどの諸集団において、カラスの犬肉嗜好モチーフが見られるのかどうかまだよくわかっていない。今後、環北太平洋全体を捉えた本格的な考察をおこなっていきたい。

24 Stahler et al. 2002

25 Stahler et al. 2002: 288

26 Stahler et al. 2002: 289

27 ただし、第4章で詳しく検討するように、犬ぞりを使うために必要な犬の多頭飼育が可能となったのは二〇世紀初頭のゴールドラッシュの時期に捕魚車が持ち込まれて以降であり、それ以前は運搬犬や猟犬としての飼育のみがおこなわれていた。

28 犬ぞりを曳く犬たちへのご褒美として、ホワイトフィッシュやサケの干物を休憩時間に与える。また、マイナス四〇度以下にもなる冬季に罠かけに行く際には、犬たちを小屋から一五メートルほど離してつなぐため、寒さに強い犬種であっても多少の配慮は必要になる。一般的には、わらを敷いて、犬の休憩場所や寝床とするが、食事の量を通常よりも増やして、就寝前にはヘラジカの脂肪を与えて、体温を上げるようにする。

29 ハインリッチ 1995: 360–365

30 内陸アラスカでは、冬季に一時的な野鳥保護（飼育）

をおこなう場合がある。本書の第6章を参照のこと。

31 Nelson 1983: 191

32 Nelson 1983: 191

33 ヴィヴェイロス・デ・カストロ 2015b: 122

34 ジェッテ神父の時代の標準的な語り方において、語りのタイトルが言及されるわけではなく、コユーコンの語り手は聴衆の求めに応じて、ぽつぽつと語りだす。Jetté 1908: 298 を参照のこと。さらに、左に示す疑問文が示すように「その（毛布の）下には何がある／いるのだろうか?」という問いかけは、最初にタイトルで登場人物の正体を明かしてしまっているのだったら不必要である。

35 アクセント記号を一部変更した。

36 Jetté 1908: 307

37 Jetté 1908: 320-337, 354–359

第4章

1 Nelson 1983: 191

2 McCormack 2018: 113

3 モリス 2007: 521

4 Hosley 1966: 96

5 Hosley 1966: 96; 原 1989; Andersen 1992: 5–6; McCormack 2018: 111–112

6 「アラスカンハスキー」は、解剖学的な観点から認定された犬種名ではなく、アラスカで犬ぞりレースに使われる犬たちの総称である。水鳥猟に同行したフィルの飼い犬はもともと犬ぞりレーサーの犬舎で生まれたものであり、「アラスカンハスキー」に該当する。

7 北方アサバスカン社会の人々は、伝統的には犬用カバンをカリブーなどの獣皮を使って自作していたようであるが、現代では文化復興や博物館への収蔵品として以外つくられることはない。Loovers 2015 を参照のこと。

8 ヘラジカ猟については近藤 2014: 50–51 を参照のこと。

9 Hosley 1966: 92

10 犬ぞりの利用は、犬のための食料獲得が比較的容易なアラスカ沿岸部では白人との接触前にもおこなわれていたと考えられる。なお、動物考古学的な研究によれば、イヌイットおよびその祖先であるトゥーレ文化では犬ぞりが盛んに使われているが、その以前の時代には犬の飼育頭数は極めて少なかったとされている。Morey and Aaris-Sørensen 2002 を参照のこと。

11 Andersen 1992: 36–37. ただし、この数字は、ニコライ村のあるクスコクィム川上流域と食料確保の観点から比較的近い状況にあると考えられるユーコン川上流域での調査結果をもとにしており、流域内でも犬一頭を維持するのに必要とされる魚や他の餌の量はまちまちである。

12 後述するように、実際には犬にはサケのみが与えられているわけではなく、キタカワカマスなどの魚、獣肉や残飯も与えられている。そのため、二〇〇〇～三〇〇〇匹という数字はあくまでも目安として考える必要がある。また、犬ぞりのチームをつくるためには八～一〇頭程度の犬がいればよいので、八〇〇～一五〇〇匹分のサケがあれば一つの犬ぞりチームを養うことができるとも言える。

13　ここで言う「混合経済（mixed economy）」は文化人類学的な用法であり、あくまでも自然経済と現金経済の混合を意味する。経済学では、計画経済と市場経済の混合システムを指して、「混合経済」という用語を使う。本章で扱うのは、前者の用法である。

14　Hosley 1966: 169–170

15　近年のアサバスカン考古学の成果によれば、二〇〇〇年ほど前から「アサバスカン」文化の人々による遺跡が低地でも多く見られるようになり、この時期には高地も引き続き利用されているが、低地も活動場所として重要であったとされる。他方で、ホスリーは大河川の本流部が通過する低地よりも、カリブーが生息する高地（支流域）がディチナニクなど内陸アラスカ先住民にとって便利な生活拠点であり、低地への本格的な適応は入植者との接触後に生じたという立場をとっていた。ホスリーは、太平洋流域のアサバスカン社会がサケに依存した生活を送っているとした人類学者のコーネリアス・オスグッドを批判し、「サケ依存」と呼べる状態は接触前にはなかったと主張した。しかし、近年、クスコクィム川上流域のマグラス村で発見された一〇〇〇年ほど前の人骨に関する骨膠原の同位体分析では、当時の食事には海洋性たんぱく質が多く含まれており、サケが食料として重要であった可能性が示唆されている。私自身は、ディチナニクの人々が入植者との接触前に高地も低地も柔軟に利用していたと考えている。サケの利用に関しても、確かに本流部での漁撈は漁撈技術の点で効率的ではなかったかもしれないが、遡上後に弱ったり死んだりしたサケを捕獲する習慣（第5章参照）があったことから、サケは捕魚車の導入前から人間と犬にとっての重要な食料源であったと見ている。ただ、二〇世紀初頭以降、高地での生業活動で生活を支えることが難しくなり、低地に居住することのメリットが増大したことから人々が徐々に生活拠点を低地に移していったというホスリーの見解自体は正しいものであると考える。以下の文献を参照のこと。Doering et al. 2020: 485; cf. Doering 2021; Hosley 1977; Halffman et al. 2014

16　Hosley 1966: 89–96, 204; 1977: 126

17　Schneider 2012

18　Schneider 2012: 67–69

19　中田 1998: 109

20　中田 1998

21　原 1989: 304–305, 312, 314

22　山口 2014: 317–318

23　一九三〇年代前半に犬ぞりによる郵便輸送を担当していたニコライ村のミスカ・ディアフォンも、昔の犬ぞりは先導犬を用いずに、曲がるときには人間が先導していたと回想している。Pulu 1975: 8–12を参照。
24　Nelson 1983: 192–193
25　Himmelheber 2000: 158; Fienup-Riordan 1994: 240（脚注）
26　Candea 2010: 249
27　煎本 1996: 4
28　煎本 1996: 314
29　煎本 1996: 6
30　Haraway 2007: 237

第5章

1　Pollock et al. 1995: 122–125; Pollock, Pess and Beechie 2004
2　ゴールドファーブ 2022: 220
3　Avery 2002
4　Arnold 2008: 87
5　ゴールドファーブ 2022: 236–247
6　ゴールドファーブ 2022: 209
7　捕獲圧とは、野生生物を捕獲することで個体群の存続に影響を及ぼすことを指す。
8　Crutzen and Stoermer 2000
9　奥野 2022: 142–143
10　Kirksey and Helmreich 2010: 545
11　van Dooren 2016
12　van Dooren 2016: 39–40
13　van Dooren 2016: 44–46
14　Watson 2016: 160
15　Watson 2016: 165
16　Watson 2016: 166
17　たとえば、ヴァン・ドゥーレンとも親交が深いアボリジニ研究者のデボラ・バード・ローズは、オーストラリアを代表するマルチスピーシーズ研究者と言えるが、彼女の研究は長期間のフィールド調査に基づくものである。ローズは、環境倫理学、ポストヒューマン哲学、マルチスピーシーズ研究の文脈を踏まえながら、現地の歴史や民族誌的な状況を豊富な事例とともに描きだしている。Rose 2010; 2011; ローズ近刊を参照のこと。
18　Watson 2016: 166
19　Swanson 2017を参照のこと。
20　Alaska Department of Fish and Game 2008: 35–36
21　Aleksiuk 1970
22　ディチナニクのミスカ・ディアフォンが幼少期を回想した記録によれば、夏にクスコクィム川上流域の南支流をさかのぼって、狩猟行に出かけた一行は、産卵後に死んだマスノスケが川岸に打ち上げられたのを見かけて、それを回収して、解体・調理したことがあった。彼によれば、産卵後に死んだサケを見かけたらそれを回収して利用するべきであり、近年、人々が遡上地で死んだサケを放置しているのは良くないことである。Collins 2004: 19, 23を参照のこと。

23　ただし、フィルは一〇月一六日のクマ狩猟行の際に遡上地で弱ったギンザケを小型ライフルで仕留め、持ち帰ったことがある。

24　ユーコン川流域の村でも同様にビーバーダムの増加がホワイトフィッシュの減少につながったと考えられていて、そのことに関する聞き取りがアラスカ州狩猟・漁撈部によってなされた。Andersen and Fleener 2001を参照のこと。

25　Holen, Simeone and Williams 2006: 92

26　Riordan, Verbyla and McGuire 2006

27　ゴールドファーブ 2022: 219

28　Power et al. 1996: 609

29　Power et al. 1996: 611

30　サケ由来の栄養を運搬する媒介者としては、ハイイログマよりもハエなどの方が大きな役割を果たしていると考えられる。しかし、ハエのバイオマスを測定することが難しいため、エビデンスを示すことはできない。この点はサケ研究者の帰山雅秀氏のご教示による。

31　Helfeld and Naiman 2006

32　Worm and Paine 2016

33　Worm and Paine 2016: 601

34　Lovejoy 1936

35　「ビーバーたちにおまかせ（Leave it to Beavers）」は、PBSが放映する「ネイチャー」シーズン三二に登場するエピソード（二〇一四年五月放映）である。このエピソードでは、ビーバーが北アメリカの生態系の中で果たす役割が評価されるようになっており、生態系の生物多様性を向上させることを目的としてビーバーの再導入がなされるようになってきたことを取り上げている。

36　マリス 2018: 92–95

37　van Dooren 2014: Swanson 2015などを参照のこと。

38　Woelfle-Erskine 2019: 110

39　近藤・吉田 2021

40　Stépanoff and Vigne 2019

41　ここでの「観察」は、いわゆる「自然誌的観察」を念頭に置いている。自然誌的観察を重視する分野としては生態人類学がある。本章では、調査者が現地の人々とともにする観察がマルチスピーシーズ民族誌において肝要となるという立場をとるが、この論点は生態人類学の気風から触発されたものである。生態人類学とマルチスピーシーズ民族誌のアプローチの差異に関しては、近藤・吉田2021を参照のこと。ただし、本章では「自然誌的観察」という言葉を用いずにあえて「観察」とのみ表記している。というのも、これまでの議論で「人間」と「自然」の二分法に基づかない人類学を目指すことを議論してきたが、「自然誌的観察」における「自然」とは一体どのようなものであるのかについて疑問が残るからだ。

42 インゴルド 2020: 19–20. ただし、インゴルド自身は、混同されがちな民族誌と人類学の差異にこだわっており、彼の議論の中では「民族誌」は「他者の生を書くこと」と位置づけられ、参与観察（＝人々とともに学ぶ方法）の目的として適当ではないとされている。本章では、インゴルドの「民族誌」批判や人類学／民族誌の強い区別については取り上げず、マルチスピーシーズ民族誌のねらいをより明確にするためにインゴルドの知見からヒントを得ることを目指す。なお、インゴルド自身はマルチスピーシーズ民族誌に対して批判的な立場を取っている。マルチスピーシーズ民族誌への批判については、Ingold 2013を参照のこと。これらの点を考慮に入れて、本章でのインゴルドの援用の仕方は、インゴルド自身からすれば不本意なものである可能性が高いと考えている。

43 インゴルド 2020: 20

44 里見 2021

第6章

1 鳥類学の用語では、渡りをせずにその土地で一年中見られる鳥のことを「留鳥」と呼ぶ。しかし、本章で扱う「残り鳥」は留鳥とは異なり、同じ種の他個体が他の土地に渡ったあとも何らかの理由で残留した個体のことを指す。内陸アラスカで一年中見ることができるワタリガラスは「留鳥」であり、冬にいる個体であっても「残り鳥」にはならない。他方で、ミヤマシトドは通常秋には南方に渡る夏鳥であり、冬に残留した個体を本章では「残り鳥」と呼んでいる。なお、この「残り鳥」という名称は、インタビューの際にディチナニクの古老スティーブン・ニコライ・シニアが南に渡り損ねた鳥のことをleftoverと呼んだことから命名したものである。

2 Osgood 1936

3 Slobodin 1962; Vanstone 1965; Hosley 1966; Jarvenpa 1980

4 Smith 1973; Ridington 1978

5 クラットン＝ブロック 1989: 29。また、Clutton-Brock 1989: 7も参照のこと。

6 Beach and Stammler 2006

7 Anderson et al. 2017: 400

8 Stépanoff and Vigne 2019

9 Stépanoff and Vigne 2019

10 Russel and West 2003; Nelson 1983; Osgood 1940

11 私が調査した時点でも、ディチナニクの人々は夏の日中、ドアを開けたままにしている家も少なくない。

12 Russel and West 2003: 36

13 ただし、内陸デナイチナの事例では、かご罠を使った捕獲が夏におこなわれていたことを示すように読める報告もある。燻製小屋で魚を乾燥させているところには虫が寄ってくるが、野鳥がその虫を目当てに燻製小屋に入ることがある。その際、子どもが燻製小屋の近くにかご罠を仕掛けて、野鳥を捕まえていた。子どもは捕獲した野鳥を観察したあと、解放していたとされる。Russel and West 2003: 37を参照。この事例では、燻製小屋で大量の魚を燻製にするのはおもに夏期であるから、子どもによるかご罠での捕獲も夏におこなわれた可能性が高い。ただ、この場合も子どもは最終的に野鳥を放しており、ディチナニクの事例と同じく夏期に捕獲した野鳥を飼うことは禁止されていたと想定される。

14 Russel and West 2003: 36–37

15 Osgood 1958: 260を参照。この文献ではpurple grackleと表記されているが、この名前はオオクロムクドリモドキ（Common Grackle, *Quiscalus quiscula*）を指す言葉として理解されるのが一般的である。しかし、この種はアラスカには生息していない。近縁種のクロムクドリモドキを指すものと理解した。

16 Osgood 1940: 185–186; 1958: 260

17 Nelson 1983: 118

18 Russell and West 2003: 36–40, 99–102, 143–144

19 Nelson 1983: 92, 107

20 King 1961; King, Barker and Farner 1963

21 ジミーとこの家に住む女性は当時内縁関係にあった。

22 Kennedy 2015

23 Clutton-Block 1989: 7

24 Russel 2003: 37

25 この女性はニコライ村においても、「伝統」に詳しい古老として知られており、文化キャンプ（若者に生業の技術を教えることを目的としたキャンプ）でも招待を受けている。また、この女性が親しかった古老は、クスコクィム川上流域で生まれ育った人である。

26 「残り鳥」の保護をおこなう際には、かご罠で捕獲をするという行程があり、他種への強制がまったくないわけではない点には留意する必要がある。

27 Ingold 2000: 61–76

28 Anderson et al. 2017: 403

29 それでは、他の人間や非人間との関係についての牧畜民の態度をどのように特徴づけるべきかという問いが生まれる。もちろん、狩猟採集民に関しても牧畜民に関しても一枚岩的な理解に誤りがあるという言い方もできるが、狩猟採集民と牧畜民は異なる種類の「信頼」を実践しているという見方もあるかもしれない。何にせよ、この問いは本章の検討範囲を超えているため、これ以上踏み込むことはしない。

30 Ingold 2000: 70. ただし、「信頼」という言葉にはどうしてもプラスのイメージが強く、狩猟採集民を美化してしまっている印象は否めない。

31 cf. 大村 2015
32 卯田 2021

第7章

1 奥野 2022; 箭内 2018. なお、民族自称について補足すれば、クスコクィム川上流域語では「デネ」に相当する言葉は「デナ（dina）」と発音される。しかし、「デネ」という表記が、北方アサバスカン民族誌学では一般的であるため、本書でも「デネ」を使用する。
2 Kirksey and Helmreich 2010; 奥野 2022: 128; 清水 2017
3 久保 2018: 30–31
4 コーン 2016. ただし、久保は、自身の研究とコーンに代表される「人間以外もたくさんいる世界」の研究の間に距離を感じているとも語っている。久保・近藤近刊を参照のこと。
5 石倉 2020: 41, 53
6 奥野 2022: 94
7 箭内 2018: 118
8 近藤 2017
9 近藤 2017: 260
10 石倉は、第五八回ヴェネチア・ビエンナーレ国際美術展での「共異体的協働」を振り返る論考の末尾で、「共異体」が以下の四つの次元を統合したものであると説明している。「①科学技術や伴侶種と共生する「身体」としての共異体、②異質性を抱えた個体同士が協働する「社会的集まり」としての共異体、③ある空間内で複数の生物種や無生物との「共生圏」を構成する共異体、④異なる歴史と神話を持って共存してきた集団間の「高次集合体」としての共異体」。石倉 2020: 51を参照。本章で論じる「共異身体」は、石倉の議論における「共異体」の①から③までの次元を扱ったものである。
11 ウィラースレフ 2018
12 Collins 2004: 15; Jetté 1908: 319
13 他方で、北極圏国立野生生物保護区内の集落カクトヴィクでは、イヌピアットが捕鯨を中心とした生活を維持してきた。彼らは、海洋上での石油開発に強く反対しているが、野生生物保護区域内での石油開発にはおおむね賛成の意を示しているとされる。McMonagle 2008: 73–74を参照のこと。なお、イヌピアットの捕鯨と石油開発の関わりについてはSakakibara 2020を参照。
14 井上 2007
15 オーロラは口笛にも反応するとされる。グィッチンの人々の間では、夜に口笛を吹くとオーロラ人間が降りてきて女性をさらうと言われている。
16 Ridington 1978: 7–8
17 原 1989: 345
18 ウィラースレフ 2018
19 Cruikshank 1990

20 Ridington 1978: 8
21 清水 2017: 198
22 清水 2017: 68
23 「社会身体」は、ホッブズの「政治身体」とは対照的に明確な境界を持たないとされる。箭内 2018: 119を参照。
24 哲学者の藤高和輝によれば、ジュディス・バトラーは、「自分自身の存在に固執する努力」や「自己保存の衝動」と特徴づけられるスピノザの「コナトゥス」論を読みかえ、「コナトゥスとはいわばはじめから社会的世界に巻き込まれた欲望であり、逆説的にも「他性への固執」によって可能になる」として、身体の被傷性に基盤を置く他者論へと昇華させた。藤高 2018を参照。その導きにしたがえば、コナトゥスとはさまざまな人間と人間ならざるものが「ぬくもりの共異身体」をともに生きようとすることではないか。極北人類学ゆえのバイアスかもしれないし、そもそも「ぬくもり」に着目するのは恒温動物中心主義に過ぎるのではないかという自己批判も念頭に置きながら、それでも私はカリブーのコナトゥスを考えてみたい。この点は今後の課題としておこう。

第8章

1 Keck 2020
2 Rose 2011
3 Rose 2011: 125–126
4 Rose 2011: 122–123
5 Rose 2011: 119
6 ネーゲル 1989
7 ところで、そもそもヒトの「身内」同士でもどの程度お互いのことを理解しているのかも甚だ怪しい。篠田節子の小説『冬の光』では妻子を持つ会社員の康宏と大学教員の紘子との二〇年来の逢瀬が物語の骨格をなしている。紘子が東日本大震災の津波で死んでしまったと聞かされたあと、康宏は単身、震災ボランティアに向かう。その後、康宏は四国八八箇所めぐりに出かけ、帰途にフェリーから身を投げて死んだとされる。事の真相を確かめるべく康宏の次女は、父のたどった道を追いかけていく。次女は、父の足跡について理解を深めていくが、同時にそれは父が実際に体験したものとは常にずれを孕んでいる。
8 浜本 2014: 7
9 訳書では、「エルク」と表記されているが、ヘラジカと同じ種（*Alces alces*）であるため、本書の他の部分と表記を合わせて、「ヘラジカ」と表記する。
10 ウィラースレフ 2018: 12, 166–167, 171–173
11 山田 2020; 奥野 2020
12 野田 2016a
13 山田 2020: 165. なお、ウィラースレフは、二重化されたパースペクティヴが動物側だけのものになってしまう状態のことを「変身」と呼んでいる。山田とウィラースレフが想定する「変身」には相違点があり、より詳細な検討が必要とされている。山田 2020: 156–157 脚注を参照のこと。

14 野田 2016a: 224（強調は原文）

15 Tsing 2012: 144

16 フィンチ 1995: 148

17 野田 2016a: 230

18 ここでは現代アメリカのネイチャーライティングを取り上げた野田の議論をもとに論じたが、日本の文学作品を論じる場合、このような交感に対する態度を前提とすることは早計であるように思われる。

19 ウィラースレフ 2018: 12

20 ウィラースレフ 2018: 154–155

21 ウィラースレフ 2018: 285

22 ウィラースレフ 2018: 150

23 Viveiros de Castro 1998

24 煎本 1996: 3–6

25 野田 2016b: 132

26 ネルソン 1999: 390–391

27 ただし、ネルソンの民族誌の中ではコユーコンの人々がアビに向かって「春の歌」をうたうことが報告されている。ネルソンの記述によれば、歌を聞いたアビは歌い手に近寄っていき、美しい声で鳴いたとされる。このことからコユーコンの人々が実用的な「交感」以外のことをおこなう場合があるとも言えるかもしれない。Nelson 1983: 86 を参照のこと。

28 コーン 2016: 248–253

29 コユーコンのウィリアム爺さんの場合、見知らぬ鳥に対して雄弁に語りかけているが、この事例に関してはウィリアム爺さんが鳥の正体を見極める必要があったという事情を勘案して理解する必要がある。

30 古老の回想によれば、数十年前、呪術師（シャーマン）が死んだ日には、子どもだけではなく大人も含めてすべての村人は屋内に入るようにと当時の村の長老は言って回っていた。翌朝、屋外で飼育されていた犬が二匹死んでいるのが見つかり、呪術師の霊が憑りついて殺したのだと噂されたという。

31 しかし、神話では呪術師として描かれるワタリガラスは、「ツァンザ」を持つ動物だとは考えられていない。

32 ウィラースレフ 2018: 258, 293

33 欧米の反捕鯨論者が抱く、理想化された観念的なクジラ像のこと。

34 「ありふれたくじら」（リトルプレス）は、美術家の是恒さくらが発行する小冊子のシリーズである。他にも、マルチスピーシーズの観点から興味深いクジラに関わる作品として、大小島真木の「鯨の目」がある。

35 近藤 2021a: 14–15

おわりに

1　World-makingという言葉はマルチスピーシーズ民族誌の文脈でよく使われている。「世界制作」とも訳されるが、本書では「世界をつくる（こと）」と表記している。チン2019: 38注7を参照のこと。奥野克巳は、上妻世海の制作論を踏まえて「制作論的転回」に関して論じている。奥野は、異なる人々同士の協働の文脈でこの言葉を使っているのに対し、本書で「世界をつくる実践」を論じる際には人間と人間以外の存在がともに世界をつくることに着目している。奥野2022、上妻2018を参照のこと。

2　Anderson et al. 2017: 400

3　奥野2022; 逆巻2019

4　Haraway 2007: 237

5　Kirksey and Helmreich 2010: 545

6　卯田2021

7　清水2017: 198

8　アラスカ先住民イヌピアットの物語をもとにつくられたビデオゲームのこと。Haraway 2016: 86–89を参照のこと。

9　ブライドッティ2019

10　近藤2021b. なお、博士論文をもとにした書籍では、この主題をより掘り下げて扱うことを予定している。

初出一覧

本書の各章のもととなった論考の初出は以下の通りである。本書に収録するにあたり，大幅な加筆と再構成をおこなっている。

はじめに　書き下ろし

第 1 章　（吉田真理子との共著）「人間以上の世界から「食」を考える」，近藤祉秋・吉田真理子編『食う，食われる，食いあう　マルチスピーシーズ民族誌の思考』青土社，2021 年，9–65 頁（本書では単著で書いた草稿をもとに改稿・収録した）。

第 2 章　「「ヌニ」が教えてくれたこと——内陸アラスカ先住民社会の狩猟・神話・身体」，奥野克巳・シンジルト編，MOSA（マンガ）『マンガ版　マルチスピーシーズ人類学』以文社，2021 年，145–179 頁。

第 3 章　「犬むさぼる呪術師——内陸アラスカのワタリガラス神話における犬肉食」野田研一・奥野克巳編『鳥と人間をめぐる思考——環境文学と人類学の対話』勉誠出版，2016 年，27–52 頁。

第 4 章　「聞く犬の誕生——内陸アラスカにおける人と犬の百年」，大石高典・近藤祉秋・池田光穂編『犬からみた人類史』勉誠出版，2019 年，234–253 頁。

第 5 章　「内陸アラスカ先住民の世界と「刹那的な絡まりあい」——人新世における自然＝文化批評としてのマルチスピーシーズ民族誌」，『文化人類学』86(1)，2021 年，96–114 頁。

「多種を真剣に受け取ること——ビーバーとギンザケのマルチスピーシーズ民族誌から」，『思想』2022 年 6 月号（1178 号），27–42 頁。

第 6 章　「内陸アラスカ先住民の世界と「刹那的な絡まりあい」——人新世における自然＝文化批評としてのマルチスピーシーズ民族誌」，『文化人類学』86(1)，2021 年，96–114 頁。

第 7 章　「赤肉団上に無量無辺の異人あり——デネの共異身体論」，『たぐい』Vol.2，2020 年，28–39 頁。

第 8 章　「「絡まりあいすぎない」という知恵——ポストコロナ時代の交感論」，『たぐい』Vol.4，2021 年，50–63 頁。

おわりに　書き下ろし

図版一覧

動物の名称一覧

本書の第2章から第6章に登場するおもな動物について，学名と現地語名（クスコクィム川上流域アサバスカ語）を示す。

標準和名	学名	現地語名
アメリカクロクマ	*Ursus americanus*	Shisr
アメリカテン	*Martes americana*	Suje
アメリカビーバー	*Castor canadensis*	Tso'
イエイヌ（犬）	*Canis lupus familiaris*	Łeek
オオモズ	*Lanius excubitor*	Jezramoya
カナダオオヤマネコ	*Lynx canadensis*	Gwhchuh
カナダカケス	*Perisoreus canadensis*	Jezra
カナダヅル	*Grus canadensis*	Dał
カンジキウサギ	*Lepus americanus*	Gwh
キタカワカマス	*Esox lucius linnaeus*	Ch'ighilduda
ギンザケ	*Oncorhynchus kisutch*	Nosdlaghe
クズリ	*Gulo gulo*	Niłtresh
クロムクドリモドキ	*Euphagus carolinus*	Ts'ihwłts'ah
コマツグミ	*Turdus migratorius*	Sruh
シロザケ	*Oncorhynchus keta*	Srughat'aye
ドールシープ	*Ovis dalli dalli*	Drodeya
ナキハクチョウ	*Cygnus buccinator*	Tomo
ハイイロオオカミ	*Canis lupus*	Tekone
ハイイログマ	*Ursus arctos*	Tsone
ハクトウワシ	*Haliaeetus leucocephalus*	Yode
ヘラジカ	*Alces alces*	Dineje
マスクラット	*Ondatra zibethicus*	Nitołtroda
マスノスケ	*Oncorhynchus tshawytscha*	Gas
ミヤマシトド	*Zonotrichia leucophrys*	Midzish miz'a
ミンク	*Neovision vison*	Tadzudza
ヤマアラシ	*Erethizon dorsatum*	Nune
ユキヒメドリ	*Junco hyemalis*	Dichadatl'its'a
ワタリガラス	*Corvus corax*	Dotron'

マリス，エマ 2018『「自然」という幻想――多自然ガーデニングによる新しい自然保護』岸由二・小宮繁訳，草思社。
モリス，デズモンド 2007『デズモンド・モリスの犬種事典―― 1000 種類を越える犬たちが勢揃いした究極の研究書』福山英也・大木卓監修，誠文堂新光社。
箭内匡 2018『イメージの人類学』せりか書房。
山口未花子 2014『ヘラジカの贈り物――北方狩猟民カスカと動物の自然誌』春風社。
山田仁史 2012「狗肉の食とそのタブー（中）犬食い略史」『Vesta 食文化誌ヴェスタ』第 85 号，46–49 頁。
山田悠介 2020「交感論の展開と現在の視座――「他者」と「近代」へのまなざし」，野田研一・赤坂憲雄編『文学の環境を探る』玉川大学出版会，150–164 頁。
結城正美 2018「環境人文学」，奥野克巳・石倉敏明編『Lexicon　現代人類学』以文社，200–203 頁。
結城正美・黒田智編 2017『里山という物語――環境人文学の対話』勉誠出版。
ラトゥール，ブリュノ＆ウールガー，スティーヴ 2021『ラボラトリー・ライフ　科学的事実の構築』立石裕二・森下翔監訳，金信行ほか訳，ナカニシヤ出版。
ラトゥール，ブルーノ 2008『虚構の近代――科学人類学は警告する』川村久美子訳，新評論。
ローズ，デボラ・バード近刊「流れる水の技法――オーストラリア先住民の「適合」の詩学」近藤祉秋・平野智佳子訳，『思想』2022 年 11 月号，岩波書店。
ロット゠ファルク，E．1980『シベリアの狩猟儀礼』田中克彦・糟谷啓介・林正寛訳，弘文堂。

学研究』第22巻，1–8頁。
篠田節子 2019『冬の光』文藝春秋。
清水高志 2017『実在への殺到』水声社。
田村将人 2001「(覚え書）樺太アイヌにおける犬の“供犠”」『千葉大学ユーラシア言語文化論集』第4号，168–186頁。
知里真志保 1973『知里真志保著作集2』平凡社。
チン，アナ 2019『マツタケ——不確定な時代を生きる術』赤嶺淳訳，みすず書房。
寺田匡宏 & ナイルズ，ダニエル 2021「人新世（アンソロポシーン）をどう考えるか——環境をめぐる超長期的時間概念の出現とグローバルな地球システム科学ネットワークの展開」，寺田匡宏 & ナイルズ，ダニエル編『人新世を問う——環境，人文，アジアの視点』京都大学学術出版会，1–72頁。
中田篤 1998「北方地域における犬の利用——行動操作の技術と行動学的背景」『北海道立北方民族博物館研究紀要』第7号，105–121頁。
ナダスディ，ポール 2012「動物にひそむ贈与——人と動物の社会性と狩猟の存在論」近藤祉秋訳，奥野克巳・山口未花子・近藤祉秋編『人と動物の人類学』春風社，291–360頁。
ネーゲル，トマス 1989『コウモリであるとはどのようなことか』永井均訳，勁草書房。
ネルソン，リチャード 1999『内なる島——ワタリガラスの贈りもの』星川淳訳，星野道夫写真，めるくまーる。
野田研一 2016a『失われるのは，ぼくらのほうだ——自然・沈黙・他者』水声社。
野田研一 2016b「コメント」，野田研一・奥野克巳編『鳥と人間をめぐる思考——環境文学と人類学の対話』勉誠出版。
ハインリッチ，バーンド 1995『ワタリガラスの謎』渡辺政隆訳，どうぶつ社。
浜本満 2014『信念の呪縛——ケニア海岸地方ドゥルマ社会における妖術の民族誌』九州大学出版会
原ひろ子 1989『ヘヤー・インディアンとその世界』平凡社.
フィンチ，ロバート 1995『ケープコッドの潮風——あるナチュラリストのケープゴット』村上清敏訳，松柏社。
藤高和輝 2018『ジュディス・バトラー——生と哲学を賭けた闘い』以文社。
ブライドッティ，ロージ 2019『ポストヒューマン——新しい人文学に向けて』門林岳史監訳，大貫菜穂ほか訳，フィルムアート社。
ベリョスキン，ユーリー 2009「「渡鴉のアーチ」とコンピューター・データベース」『国立民族学博物館調査報告』第82巻，61–86頁。
北海道道立北方民族博物館編 2018『第33回特別展図録　North to the Future 北方から未来へ　日本人が出会ったアラスカ』北海道立北方民族博物館
ボヌイユ，クリストフ＆フレソズ，ジャン゠バティスト 2018『人新世とは何か——〈地球と人類の時代〉の思想』野坂しおり訳，青土社。

久保明教・近藤祉秋近刊「〈対談〉「人間しかいないわけではない世界」の人類学」『思想』2022年10月号，岩波書店。

クラットン＝ブロック，ジュリエット1989『図説　動物文化史事典――人間と家畜の歴史』増井久代訳，増井光子監修，原書房。

クリフォード，ジェイムズ1996（1986）「序論――部分的真実」，クリフォード，ジェイムズ＆マーカス，ジョージ編『文化を書く』春日直樹ほか訳，紀伊國屋書店，1–50頁。

クレイノヴィチ，E．A．2005「ニヴフのイヌ飼養と宗教観におけるその反映（二）」『北海道立北方民族博物館研究紀要』第14号，127–136頁。

桑田学2017「人新世と気候工学」『現代思想（特集＝人新世――地質年代が示す人類と地球の未来）』12月号（vol. 45），青土社，122–131頁。

ゴヴィンドラジャン，ラディカ＆宮本万里2021「インドの中部ヒマラヤの種を超えた関係性――ヤギの生贄からクマとの親密性まで」，奥野克巳・近藤祉秋・ファイン，ナターシャ編『モア・ザン・ヒューマン』以文社，35–56頁。

上妻世海2018『制作へ――上妻世海初期論考集』エクリ。

ゴールドファーブ，ベン2022『ビーバー――世界を救う可愛いすぎる生物』木高恵子訳，草思社。

コーン，エドゥアルド2016『森は考える――人間的なるものを超えた人類学』奥野克巳・近藤宏監訳，近藤祉秋・二文字屋脩訳，亜紀書房。

コッチャ，エマヌエーレ2019『植物の生の哲学――混合の形而上学』嶋崎正樹訳，勁草書房。

近藤祉秋2014「北方樹林の愛鳥家――内陸アラスカにおける動物を殺す／生かすこと」『文化人類学』第79巻第1号，48–60頁。

近藤祉秋2021a「悩める現代哺乳類のためのマルチスピーシーズ小説――多和田葉子『雪の練習生』を読む」『たぐい』vol. 3，亜紀書房，6–16頁。

近藤祉秋2021b「危機の「予言」が生み出す異種集合体――内陸アラスカ先住民の過去回帰言説を事例として」『文化人類学』第86巻第3号，417–436頁。

近藤祉秋・吉田真理子2021「人間以上の世界から食を捉えなおす」，近藤祉秋・吉田真理子編『食う，食われる，食いあう――マルチスピーシーズ民族誌の思考』青土社，9–65頁。

近藤宏2017「皮膚という表面――パナマ東部先住民エンベラの身体の形象」『現代思想』第45巻第4号，青土社，248–262頁。

逆巻しとね2019「喰らって喰らわれて消化不良のままの「わたしたち」――ダナ・ハラウェイと共生の思想」『たぐい』Vol. 1，亜紀書房，55–67頁。

里見龍樹2018「「歴史」と「自然」の間で――現代の人類学理論への一軌跡」，前川啓治ほか著『21世紀の文化人類学――世界の新しい捉え方』新曜社，133–186頁。

里見龍樹2021「序論 Writing (Against) Nature――「転回」以後の民族誌」『文化人類

Theory, Culture and Society 33(5): 159–172.
Woelfle-Erskine, C. 2019. "Beavers as Commoners? Invitations to River Restoration Work in a Beavery Mode." *Community Development Journal* 54(1): 100–118.
Worm, B. and Paine, R. T. 2016. "Humans as a Hyperkeystone Species." *Trends in Ecology & Evolution* 31(8): 600–607.
Young, D. E. and Goulet, J-G. (eds.). 1994. *Being Changed: The Anthropology of Extraordinary Experience*. Broadview Press.

アウステリッツ，ロバート 1992『ギリヤークの昔話』中村チヨ口述・村崎恭子編，北海道企画出版センター
石倉敏明 2020「『宇宙の卵』と共異体の生成――第五八回ヴェネチア・ビエンナーレ国際美術展日本館展示より」『たぐい』vol. 2，亜紀書房，40–54 頁。
井上敏昭 2007「『我々はカリブーの民である』――アラスカ・カナダ先住民のアイデンティティと開発運動」，煎本孝・山田孝子編『北の民の人類学――強国に生きる民族性と帰属性』京都大学学術出版会。
煎本孝 1996『文化の自然誌』東京大学出版会，95–122 頁。
インゴルド，ティム 2020『人類学とは何か』奥野克巳・宮崎幸子訳，亜紀書房。
ヴィヴェイロス・デ・カストロ，エドゥアルド 2015a『食人の形而上学――ポスト構造主義的人類学への道』檜垣立哉・山崎吾郎訳，洛北出版。
ヴィヴェイロス・デ・カストロ，エドゥアルド 2015b『インディオの気まぐれな魂』近藤宏・里見竜樹訳，水声社。
ウィラースレフ，レーン 2018『ソウル・ハンターズ――シベリア・ユカギールのアニミズムの人類学』奥野克巳・近藤祉秋・古川不可知訳，亜紀書房。
卯田宗平 2021『野生性と人類の論理――ポスト・ドメスティケーションを捉える 4 つの思考』東京大学出版会。
大村敬一 2015「ムンディ・マキーナ（世界生成の機械）――イヌイトの知識から考える存在論と相互行為のダイナミクス」，木村大治編『動物と出会う〈2〉心と社会の生成』ナカニシヤ出版，127–141 頁。
奥野克巳 2019「人類学の現在，絡まりあう種たち，不安定な「種」」『たぐい』vol. 1，亜紀書房，4–15 頁。
奥野克巳 2020「生ある未来に向け，パースペクティヴを往還せよ」野田研一・赤坂憲雄編『文学の環境を探る』玉川大学出版会，134–148 頁。
奥野克巳 2021「マルチスピーシーズ民族誌の眺望――多種の絡まり合いから見る世界」『文化人類学』第 86 巻第 1 号，44–56 頁。
奥野克巳 2022『絡まりあう生命――人間を超えた人類学』亜紀書房。
春日直樹 2011「人類学の静かな革命――いわゆる存在論的転換」，春日直樹編『現実批判の人類学――新世代のエスノグラフィへ』世界思想社，9–31 頁。
久保明教 2018『機械カニバリズム――人間なきあとの人類学へ』講談社。

Ruppert, J. and Bernet, J. W. (eds.). 2001. *Our Voices: Native Stories of Alaska and the Yukon.* University of Nebraska Press.

Russell, P. N. and West, G. C. 2003. *Bird Traditions of the Lime Village Area Dena'ina: Upper Stony River Ethno-Ornithology*. Alaska Native Knowledge Network.

Sakakibara, C. 2020. *Whale Snow: Iñupiat, Climate Change, and Multispecies Resilience in Arctic Alaska*. University of Arizona Press.

Schneider, W. S. 2012. *On Time Delivery: The Dog Team Mail Carriers*. Fairbanks: University of Alaska Press.

Slobodin, R. 1962. *Band Organization of the Peel River Kutchin*. Department of Northern Affairs and National Resources.

Smith, D. M. 1973. *Inkonze: Magico-Religious Beliefs of Contract-Traditional Chipewyan Trading at Fort Resolution, NWT, Canada*. National Museums of Canada.

Stahler, D., Heinrich, B. and Smith, D. 2002. "Common Ravens, Corvus corax, Preferentially Associate with Grey Wolves, Canis lupus, as a Foraging Strategy in Winter." *Animal Behaviour* 64: 283–290.

Stépanoff, C. and Vigne, J-D. 2019. *Hybrid Communities: Biosocial Approaches to Domestication and Other Trans-species Relationships.* Routledge.

Swanson, H. A. 2015. "Shadow Ecologies of Conservation: Co-Production of Salmon Landscapes in Hokkaido, Japan, and Southern Chile." *Geoforum* 61: 101–110.

Swanson, H. A. 2017. "Methods for Multispecies Anthropology: Thinking with Salmon Otoliths and Scales." *Social Analysis* 61(2): 81–99.

Swanson, H. A. 2018. "Domestication Gone Wild: Pacific Salmon and the Disruption of the Domus." In Swanson, H. A., Lien, M. and Ween, G. (eds.). *Domestication Gone Wild: Politics and Practices of Multispecies Relations.* pp. 141–158. Durham, NC: Duke University Press.

Tsing, A. L. 2012. "Unruly Edges: Mushrooms as Companion Species." *Environmental Humanities* 1: 141–54.

Tsing, A. L., Swanson, H. A., Gan, E. and Bubandt, N. (eds.). 2017. *Arts of Living on a Damaged Planet.* Minneapolis, MN: University of Minnesota Press.

Van Dooren, T. 2014. *Flight Ways: Life and Loss at the Edge of Extinction*. Columbia University Press.

Van Dooren, T. 2016. "Authentic Crows: Identity, Captivity and Emergent Forms of Life." *Theory, Culture and Society* 33(2): 29–52.

Vanstone, J. W. 1965. *The Changing Culture of Snowdrift Chipewyan*. National Museum of Canada.

Viveiros de Castro, E. 1998. "Cosmological Deixis and Amerindian Perspectivism." *The Journal of the Royal Anthropological Institute* 4(3): 469–488.

Watson, M. C. 2016. "On Multispecies Mythology: A Critique of Animal Anthropology."

Mishler, C. and Simeone, W. E. 2006. *Tanana and Chandalar: The Alaska Field Journals of Robert A. McKennan*. Fairbanks: University of Alaska Fairbanks.

Moore, J. W. (ed.). 2016. *Anthropocene or Capitalocene? Nature, History, and the Crisis of Capitalism*. PM Press.

Morey, D. and Aaris-Sørensen, K. 2002. "Paleoeskimo Dogs of the Eastern Arctic." *Arctic* 55(1): pp. 44–56.

Naiman, R. J. 1988. "Alteration of North American Streams by Beaver." *BioScience* 38(11): 753–762.

Nelson, R. K. 1983. *Make Prayers to the Raven: A Koyukon View of the Northern Forest*. University of Chicago Press.

Oakley, J. 2007. "Fieldwork embodied." *Sociological Review* 55(s1): 65–79.

Oppermann, S. and Iovino, S. 2017. *Environmental Humanities: Voices from the Anthropocene*. Roman and Littlefield.International.

Osgood, C. 1936. *The Distribution of the Northern Athapaskan Indians*. Yale University Press.

Osgood, C. 1940. *Ingalik Material Culture*. University of Yale Press.

Osgood C. 1958. *Ingalik Social Culture*. New Haven: University of Yale Press.

Paxson, H. 2008. "Post-Pasteurian Cultures: The Microbiopolitics of Raw-Milk Cheese in the United States." *Cultural Anthropology* 23(1): 15–47.

Pollock, M. M., Naiman, R. J., Erickson, H.E., Johnston, C.A., Pastor, J., Pinay, G. 1995. "Beaver as Engineers: Influences on Biotic and Abiotic Characteristics of Drainage Basins." In Jones, C. G. and Lawton, J. H. (eds.). *Linking Species & Ecosystems*. Springer. pp. 117–126.

Pollock, M. M., Pess, G. R. and Beechie, T. J. 2004. "The Importance of Beaver Ponds to Coho Salmon Production in the Stillaguamish River Basin," Washington, USA. *North American Journal of Fishries Management* 24: 749–760.

Power, M. E., Tilman, D., Estes, J. A., Menge, B. A., Bond, W. J., Mills, L. S., Daily, G., Castilla, J. C., Lubchenco, J. and Paine, R. T. 1996. "Challenges in the Quest for Keystones." *Bio Science* 46(8): 609–620.

Pulu, T. 1975. *Nikolai Reader.* Bilingual Education Department. Alaska State-Operated School System.

Ridington, R. 1978. *Swan People: A Study of the Dunne-Za Prophet Dance*. National Museums of Canada.

Riordan, B., Verbyla, D. and McGuire, A. D. 2006. "Shrinking Ponds in Subarctic Alaska Based on 1950–2002 Remotely Sensed Images." *Journal of Geophysical Research* 111: G04002

Rose, D. B. 2010. "Flying Fox: Kin, Keystone and Kontaminant." *Australian Humanities Review* 50: 119–136.

Rose, D. B. 2011. *Wild Dog Dreaming: Love and Extinction*. University of Virginia Press.

Anthropological Society 38(3): 5–23.
Jarvenpa, R. 1980. *The Trappers of Patuanak: Toward Spatial Ecology of Modern Hunters.* National Museum of Canada.
Jetté, Rev. J. 1908. "On Ten'a Folk-lore." *The Journal of the Royal Anthropological Institute of Great Britain and Ireland* 38: 298–367.
Jochelson, W. 1904. "The Mythology of the Koryak. American Anthropologist 1904 The Mythology of the Koryak." *American Anthropologist* N. S. 6(4): 413–425.
Keck, F. "Let's Talk: Social Anthropologist Frédéric Keck on the Coronavirus." https://axaxl.com/fast-fast-forward/articles/social-anthropologist-frederic-keck-on-the-coronavirus（公開日 2020/4/28［改稿版］，最終確認日 2021/3/3）
Kennedy, C. 2015. "Lack of snow drives Iditarod start 250 miles north." NOAA Climate.gov.（https://www.climate.gov/news-features/featured-images/lack-snow-drives-iditarod-start-250-miles-north 最終確認日 2020/10/13）
King, J. R. 1961. "The Bioenergetics of Vernal Premigratory Fat Deposition in the White-Crowned Sparrow." *The Condor* 63(2): 128-142.
King, J. R., Barker S. and Farner, D. S. 1963. "A Comparison of Energy Reserves during Autumnal and Vernal Migratory Periods in the White-Crowned Sparrow, Zonotrichia leucophrys gambelii." *Ecology* 44(3): 513–521.
Kirksey, S. E. and Helmreich, S. 2010. "The Emergence of Multispecies Ethnography." *Cultural Anthropology* 25(4): 545–576.（＝カークセイ，S．エベン＆ヘルムライヒ，ステファン 2017「複数種の民族誌の創発」近藤祉秋訳，『現代思想』第 45 巻第 4 号，青土社，96–127 頁。）
Kondo, S. and Hanson, T. (2013). "Alaska's Upper Kuskokwim Region Ethnobiology Guidebook." (http://ukpreservation.net/wp-content/uploads/2013/07/Upper-Kuskokwim-River-Region-Ethnobiology-Guidebook.pdf 最終閲覧日 2022/3/31）
Lien, M. 2015. *Becoming Salmon: Aquaculture and the Domestication of a Fish*. Oakland, CA: University of California Press.
Loovers, J. P. L. 2015. "Dog-craft: A History of Gwich'in and Dogs in the Canadian North." *Hunter Gatherer Research* 1(4): 387–419.
Lovejoy, A. O. 1936. *The Great Chain of Being: A Study of the History of an Idea*. Harvard University Press.
Lowe, Celia. 2010. "Viral Clouds: Becoming H5N1 in Indonesia." *Cultural Anthropology*. 25. 625–649.
McCormack, P. A. 2018. "An Ethnohistory of Dogs in the Mackenzie Basin (western Subarctic). In Rosey, R. J., Wishart, R. P., Loovers, J. P. L. (eds.). *Dogs in the North: Stories of Cooperation and Co-domestication*. Routledge, New York. pp. 105–151.
McMonagle, R. J. 2008. *Caribou and Conoco: Rethinking Environmental Politics in Alaska's ANWR and Beyond*. Lexington Books.

Consideration of the Athabascan Migration." *American Antiquity* 85(3): 470–491.

Fienup-Riordan, A. 1994. *Boundaries and Passages: Rule and Ritual in Yup'ik Eskimo Oral Traditions*. Norman, OK: University of Oklahoma Press.

Fijn, N. 2011. *Living with Herds: Human-Animal Coexistence in Mongolia*. New York, NY: Cambridge University Press.

Fuentes, A. 2010. "Naturecultural Encounters in Bali: Monkeys, Temples, Tourists, and Ethnoprimatology." *Cultural Anthropology* 25(4): 600–624

Govindrajann, R. 2018. "Animal Intimacies: Interspecies Relatedness in India's Central Himalayas." Chicago, IL: The University of Chicago Press.

Halffman, C. M., Sattler, R. and Clark, J. 2014. "Bone Collagen Stable Isotope Analysis of Three Prehistoric Humans from the Upper Kuskokwim Village of McGrath, Western Interior Alaska." *A paper read at the 41st Annual Meeting of the Alaska Anthropological Association*, Fairbanks, Alaska.

Haraway, D. J. 2007. *When Species Meet*. Minneapolis, MN: University of Minnesota Press.（＝ハラウェイ，ダナ 2013『犬と人が出会うとき――異種協働のポリティクス』高橋さきの訳，青土社。）

Haraway, D. J. 2016. *Staying with the Trouble: Making Kin in the Chthulucene*. Durham, NC: Duke University Press.

Helfield, J. M. and Naiman, R. J. 2006. "Keystone Interactions: Salmon and Bear in Riparian Forests of Alaska." *Ecosystems* 9: 167–180.

Helmreich, S. 2009. *Alien Ocean: Anthropological Voyages in a Microbial Sea*. University of California Press.

Himmelheber, H. 2000. *Where the Echo Began and Other Oral Traditions from Southwest Alaska*. translated by K. Vitt and E. Vitt. Fairbanks: University of Alaska Press.

Holen, D. L., Simeone, W. E. and Williams, L. 2006. "Wild Resources Harvests and Uses by Residents of Lake Minchumina and Nikolai, Alaska, 2001–2002." *Technical Paper* no. 296, Alaska Department of Fish and Game.

Honigmann, J. 1949. *Culture and Ethos of Kaska Society*. New Haven: Yale University Press.

Hosley, E. H. 1966. "Factionalism and Acculturation in an Alaskan Athapaskan Community." Ph.D. Dissertation, University of California Los Angeles.

Hosley, E. H. 1977 "A Reexamination of the Salmon Dependence of the Pacific Drainage Culture Athapaskans." In Helmer, J. W., Van Dyke, S., and Kense, F. J. (ed.). *Problems in the Prehistory of the North American Subarctic: The Athapaskan Question*. Calgary: Archaeological Association, Department of Archaeology, University of Alberta. pp. 124–129.

Ingold. T. 2000. *The Perception of the Environment: Essays on Livelihood, Dwelling, and Skill*. London: Routledge.

Ingold, T. 2013. "Anthropology beyond Humanity." *Suomen Antropologi: Journal of the Finnish*

参考文献一覧

Alaska Department of Fish and Game. 2008. *Alaska Wildlife Notebook Series*. Juneau: Alaska Department of Fish and Game.

Aleksiuk, M. 1970. "The Seasonal Food Regime of Arctic Beavers." *Ecology* 51: 264–270.

Andersen, D. B. 1992. "The Use of Dog Teams and the Use of Subsistence-Caught Fish for Feeding Sled Dogs in the Yukon River Drainage, Alaska." *Technical Paper* No. 210, Alaska Department of Fish and Game.

Andersen, D. B. and Fleener, C. L. 2001. "Whitefish and Beaver Ecology of the Yukon Flats, Alaska." *Technical Paper* No. 265, Alaska Department of Fish and Game.

Anderson, D. G., Loovers, J. P. L., Schroer, S. A., Wishart, R. P. 2017. "Architectures of Domestication: on Emplacing Human-animal Relations in the North." *Journal of the Royal Anthropological Institute* 23(2): 398–416.

Arnold, D. F. 2008. *The Fishermen's Frontier: People and Salmon in Southeast Alaska*. University of Washington Press.

Avery, E. 2002. "Fish Community and Habitat Responses in a Northern Wisconsin Brook Trout Stream 18 Years after Beaver Dam Removal." Wisconsin Department of Natural Resources.

Beach, H. and Stammler, F. 2006. "Human-Animal Relations in Pastoralism." *Nomadic Peoples* N. S. 10(2): 6–29.

Candea, M. 2010. "I fell in Love with Carlos the Meercat: Engagement and detachment in human-animal relations." *American Ethnologist* 37(2): 241–258.

Clutton-Brock, J. (ed.) 1989. *The Walking Larder: Patterns of Domestication, Pastoralism and Predation*. London: Unwin Hyman.

Collins, R. 2004. *Dichinanek' Hwt'ana: A History of the People of the Upper Kuskokwim who live in Nikolai and Telida, Alaska*. McGrath: National Park Service.

Collins, R. and Petruska, B. 1979. *Dinak'i: Upper Kuskokwim Junior Dictionary*. Anchorage: National Bilingual Materials Development Center.

Cruikshank, J. 1990. *Life Lived Like a Story: Life Stories of Three Yukon Native Elders*. University of Nebraska Press.

Crutzen, P. J. 2002. "Geology of mankind." *Nature* 415: 23.

Crutzen, P. J. and Stoermer, E. F. 2000. The "Anthropocene." *Global Change Newsletter* 41: 17–18.

Doering, B. N. 2021. "Subarctic Landscape Adaptations and Paleodemography: A 14,000-year History of Climate Change and Human Settlement in Central Alaska and Yukon." *Quaternary Science Reviews* 268: 107139.

Doering, B. N., Esdale, J. A., Reuther, J. D. and Catenacci, S. D. 2020. "A Multiscalar

索引

マスノスケを釣った著者
（シャーリー・ペトロスカ撮影：2015 年 7 月 19 日）

近藤祉秋（こんどう しあき）
専門：文化人類学，アラスカ先住民研究。博士（文学）。
共編著に『食う，食われる，食いあう――マルチスピーシーズ民族誌の思考』（青土社，2021 年），論文に「危機の「予言」が生み出す異種集合体――内陸アラスカ先住民の過去回帰言説を事例として」『文化人類学』86 巻 3 号，「内陸アラスカ先住民の世界と「刹那的な絡まりあい」――人新世における自然＝文化批評としてのマルチスピーシーズ民族誌」『文化人類学』86 巻 1 号などがある。

犬に話しかけてはいけない

——内陸アラスカのマルチスピーシーズ民族誌

2022年10月20日　初版第1刷発行
2022年12月2日　初版第2刷発行

著　者————近藤祉秋
発行者————依田俊之
発行所————慶應義塾大学出版会株式会社
〒108-8346　東京都港区三田2-19-30
TEL〔編集部〕03-3451-0931
〔営業部〕03-3451-3584〈ご注文〉
〔　〃　〕03-3451-6926
FAX〔営業部〕03-3451-3122
振替　00190-8-155497
https://www.keio-up.co.jp/
装　丁————大倉真一郎
装　画————大小島真木
印刷・製本——中央精版印刷株式会社
カバー印刷——株式会社太平印刷社

Printed in Japan ISBN978-4-7664-2845-2